Wolfgang Pichler | Thomas Hartl

Aus die Maus

WOLFGANG PICHLER
THOMAS HARTL

AUS DIE MAUS

Der Ratgeber für ein richtig
mieses Leben

GOLDEGG
VERLAG

Gestaltung und Fotorechte Cover: Hauptmann & Kompanie Werbeagentur, Zürich
Umschlaggestaltung und Motiv unter Verwendung von Bildlizenzen von
© Shutterstock.com
Rechte Foto Autoren: Thomas Hartl/Wolfgang Pichler

Die Autoren und der Verlag haben dieses Werk mit höchster Sorgfalt erstellt. Dennoch ist eine Haftung des Verlags oder der Autoren ausgeschlossen. Die im Buch wiedergegebenen Aussagen spiegeln die Meinung der Autoren wider und müssen nicht zwingend mit den Ansichten des Verlags übereinstimmen.

Der Verlag und seine Autoren sind für Reaktionen, Hinweise oder Meinungen dankbar. Bitte wenden Sie sich diesbezüglich an verlag@goldegg-verlag.com.

Der Goldegg Verlag achtet bei seinen Büchern und Magazinen auf nachhaltiges Produzieren. Goldegg Bücher sind umweltfreundlich produziert und orientieren sich in Materialien, Herstellungsorten, Arbeitsbedingungen und Produktionsformen an den Bedürfnissen von Gesellschaft und Umwelt.

ISBN: 978-3-99060-278-2

© 2022 Goldegg Verlag GmbH
Unter den Linden 21 • D-10117 Berlin
Telefon: +49 800 505 43 76-0

Goldegg Verlag GmbH, Österreich
Mommsengasse 4/2 • A-1040 Wien
Telefon: +43 1 505 43 76-0

E-Mail: office@goldegg-verlag.com
www.goldegg-verlag.com

Layout, Satz und Herstellung: Goldegg Verlag GmbH, Wien
Printed in the EU

Inhaltsverzeichnis

Kapitel 4

Kapitel 5

Kapitel 6

Kapitel 7

Kapitel 8

Kapitel 9

Kapitel 10

Kapitel 11

Kapitel 12

VORWORT

Wirklich? Sie wollen ein Buch lesen, das Ihnen zeigt, wie Sie Ihr Leben so richtig schön versemmeln können? Was versprechen Sie sich davon? Dass Sie Ihr tristes Dasein noch mehr in den Sand setzen als bisher? Oder wollen Sie, indem Sie lesen, wie es *nicht* geht, erfahren, *wie* es geht? Steht Ihnen der Sinn nach Großem? Möchten Sie gar wie einst Phönix aus der Asche steigen und ein glorreiches Leben beginnen?

Wie dem auch sei, Sie müssen sich nicht dafür schämen, weil Sie dieses wunderbare Buch in Händen halten, welches der Frage nachgeht, wie man sein Leben schnellstmöglich und gründlich in den Sand setzen kann.

Wir verstehen Sie! Wirklich! Das gehört sozusagen zu unserer Stellenbeschreibung. Wir, die Autoren Wolfgang Pichler (Psychotherapeut) und Thomas Hartl (Schriftsteller und Journalist), sind quasi berufsmäßige Versteher. Es ist wirklich nichts dabei, sich einzugestehen, dass das eigene Leben schon dermaßen sinnlos, frustrierend oder einfach furchtbar langweilig erscheint, dass man es sogar einmal mit Leid, Krankheit und Depression versuchen möchte, um die Leere erträglicher zu machen. Auch auf die Gefahr hin, uns zu wiederholen – wir verstehen Sie! Wahrscheinlich haben Sie einen Job, der Sie gerade einmal so einigermaßen über Wasser hält, und Ihr Beziehungsleben ist so prickelnd wie eine Tasse Schlaf-gut-Tee. Vielleicht haben Sie sich auch bereits diversen Mutproben unterzogen, wie Bungee-Jumping, Feuerlauf oder ähnlich Sinnvollem. Sie glauben gar nicht, was uns die Menschen alles erzählen, was sie so treiben auf der Suche nach einem Kick, der das Leben für ein paar Augenblicke interessanter macht. Nicht wenige machen die ekeligsten Sachen wie Würmer essen, mit Schlangen kuscheln oder sich Schlagersendungen ansehen! Manchmal sogar live! Ehrlich, wen schüttelt es da nicht?

Wir schweifen ab. Sie wollen wirklich wissen, was Ihnen Ihr Leben so richtig vermiest? Um dann, fasziniert von den neuen Erkenntnissen, zu ganz neuen Ufern aufzubrechen? Nein, zu keinem weiteren Caorle-Urlaub, sondern zu einem Leben, in dem Sie nicht mehr der oder die sein müssen, der oder die sich bis hierher geschleppt hat und nun nicht mehr weiterweiß. Neue Ufer eben.

Doch wer auferstehen will, muss zuerst hinabsteigen und eine Reise machen. Eine Reise in die unbekannten Untiefen der Psyche! Und genau dazu laden wir Sie herzlich ein. Wollen Sie mit uns hinabsteigen in den Hades, in die Unterwelt Ihrer Psyche? Die alten Griechen glaubten ja, dass Hermes, der Seelenführer, die verstorbenen Seelen als Schatten in den Hades geleitete. Aber glauben Sie uns, die Wege in die weiten Felder des öden und freudlosen Lebens, die kennen auch wir. Wenn Sie also bereit sind für diese tiefe und neue Erfahrung, so lassen Sie uns Ihr Seelenführer sein. Wenn Sie getreulich unsere Anweisungen befolgen, so garantieren wir Ihnen, dass Sie ein Leben ausfassen, bei dem Ihnen Hören und Sehen vergeht! Sind Sie bereit für den Heldenweg ins Land der Ödnis und der Depressionen? Und auch bereit für das, was dahinter lauert?

Dann lesen Sie weiter.

AUS DIE MAUS!

Ach, schön! Sie sind noch da! Das freut uns. Wissen Sie, es ist heutzutage wirklich nicht leicht, Menschen bei der Stange zu halten. Schon gar nicht, wenn man ihnen tiefgreifende und existenzielle Erfahrungen nahebringen und vermitteln möchte. Wir reden hier nicht von philosophischen, spirituellen oder anderen abgehobenen Theorien, die die verschiedensten Glücksapostel, Gurus und Heilsversprecher hinausposaunen, nein!

Wir verstehen dieses Buch und unsere Arbeit als eine Art Gegenbewegung zum herrschenden Mainstream. Überall findet man nur lachende Gesichter! Egal wo man hinsieht. Sei es in der Werbung, wo Mutti über beide Ohren lacht, wenn das Shirt vom Sohnemann weißer als weiß ist, oder wenn sich in den sozialen Medien bildschöne Leutchen verlieben und anschmachten! Schluss mit der ewigen Glücksucherei, es geht auch anders! Sie finden doch auch, dass die gravierende Einseitigkeit, wie die Menschen das Leben und die Welt (in der alle glücklich, liebevoll und seelenverwandt sein sollen) neuerdings betrachten, ein Korrektiv vonnöten hat, nicht wahr? Wir, die Autoren, schlüpfen in die Rolle der Bad Boys in dieser völlig abgehobenen Gesellschaft und zeigen, dass es auch anders geht. Seit Adam und Eva war es Usus, dass die Menschen ihr sauer erarbeitetes Brot im

Schweiße ihres Angesichts essen sollten. Die Nachfahrinnen von Eva sollten unter Schmerzen ihre Kinder gebären, da war keine Rede von Kaiserschnitt oder Kreuzstich! Man hat fast den Eindruck, als wolle man unser Geburtsrecht auf Leid, Schmerz und Depression, kurzum auf ein beschissenes Leben, infrage stellen.

Alle Menschen wollen leidenschaftlich leben, aber keiner will leiden! Oder, wie es vor Kurzem eine Frau formuliert hat: »Ich habe mir einen aufregenden Mann gewünscht – und jetzt regt er mich auf!« Was soll das? Wir sind uns sicher, auch Sie, verehrte Leserin, verehrter Leser, haben sich in der Vergangenheit mit diversen Wohlfühlideologien abgegeben – mit recht bescheidenem Ergebnis, nicht wahr? Sie haben diese Weltverbesserer und Glücksterroristen genauso satt wie wir? – Ja? Sehr gut! Dann wollen wir nun gemeinsam den Weg beschreiten, hinein ins Jammertal der Welt und des Lebens. Den Terminus »Jammertal« haben wir übrigens aus dem Wortschatz der katholischen Kirche entlehnt. Nach eingehender Recherche wurde uns immer klarer, dass die Kirche ihr Monopol darauf mittlerweile abgeben musste. Zugegeben, die hatten das früher wirklich gut drauf – aber auch die Kirche ist den Weg allen Irdischen gegangen. Statt uns weiterhin das Leben schwer zu machen, was sie fast 2000 Jahre lang nahezu perfekt beherrscht hat, fängt diese Rasselbande immer mehr an, Süßholz zu raspeln. Neuerdings ist es gar nicht mehr so sicher, ob die bösen Sünder ewig in der Hölle schmoren. Und Frauen sind nicht mehr bloß die schlimmen Verführerinnen, so wie Eva, die Adam den Apfel unter die Nase hielt, sondern gewünscht und benötigt für das Leben und Überleben der Kirche. Selbst Homosexuelle sind nun in den Kirchen zumindest geduldet, etwas, was vor zwanzig Jahren noch undenkbar schien.

Es ist wirklich zum Verzweifeln!

Doch mit unserer Hilfe, das versichern wir Ihnen, finden Sie Ihre Bestimmung wieder. Sie können leiden, krank werden, Sinnlosigkeit erfahren und vereinsamen, soviel Sie nur wollen! Nehmen Sie Ihr Kreuz auf sich! Und wenn Sie noch keins haben, dann zimmern Sie sich eins!

Das sind tiefe und existenzielle Erfahrungen, anders als diese lauwarmen Heilsversprechungen, die so viel Tiefgang wie ein Tintenfass haben. Sie können das – wenn Sie nur wollen!

Nun, da Sie schon bis hierher gelesen haben, sind wir überzeugt, dass Sie mit uns diesen Weg gehen wollen. Wunderbar! Folgen Sie nur unseren Anweisungen, dann kann gar nichts mehr schiefgehen.

Kapitel 1

MIESE GEDANKEN ALS FUNDAMENT FÜR EIN MIESES LEBEN

Im Folgenden ein kleines Anschauungsbeispiel. Wir haben ein Ehepaar herausgefischt aus dem großen Schwarm der zweisam wohnenden Menschenspezies – ein Paar, das auf die Namen Nora und Karl hört. Wir werfen einen kurzen Blick auf ihr Leben: Der Tag bricht an, die Morgendämmerung wirft zögerlich erste Lichtstrahlen durch das Fenster ihres Schlafzimmers. Vorhang auf für Nora und Karl. Und … Action!

Karl tastet sich mit einem knurrigen Brummton an den Wecker heran, der ihm schon eine Zeit lang schrill piepsend den Nerv zieht. Verdammt, denkt Karl. Schon wieder Montag. Ich hasse Montage. Mit diesem Gedanken im Kopf rollt er sich leise stöhnend aus dem Bett. Seine Frau Nora, die trotz des grässlichen Piepens des Weckers immer noch schläft, knirscht mal wieder mit den Zähnen, was Karls Stimmung auch nicht gerade hebt. Ich möchte bloß wissen, welcher Ignorant das Doppelbett erfunden hat, überlegt Karl. Er wirft einen Blick auf seine Frau und schüttelt den

Kopf. Die knarrt wie ein alter Leiterwagen, denkt er wie fast jeden Morgen und schüttelt den Kopf.

Er schlüpft in seine Hausschuhe, schlurft in die Küche und drückt auf den Startknopf der Kaffeemaschine. Während die Maschine warmläuft, greift er zur allmorgendlichen Tablette gegen Sodbrennen. Mit einem Schluck Wasser verschwindet sie im Mund. Widerliches Zeug, denkt er und zieht eine Grimasse. Er trinkt seinen doppelten Espresso und stellt die Tasse neben den Geschirrspüler. Dann geht er an die Haustür und holt die Morgenzeitung herein. Bevor er die Tür wieder schließt, schaut er über die Straße zum Haus auf der anderen Straßenseite. Hin und wieder kommt um diese Zeit eine junge Frau heraus, blond und unfassbar sexy. Manchmal lächelt sie ihm zu, während sie zu ihrem Wagen schwebt – fünf lange und doch viel zu kurze Sekunden Glück, die ihm oft den Tag retten. Heute bleibt ihre Tür leider zu und seine Laune dort, wo sie ist.

Karl überfliegt die Überschriften der Zeitung. Alles Verbrecher. An die Wand sollte man sie stellen. Er denkt das, ohne dass er das aktiv machen müsste, der Gedanke ist einfach da, er ist seit vielen Jahren Stammgast in Karls Oberstube.

Die nächsten Schritte führen ihn wieder in die Küche. Wie immer öffnet er die Kühlschranktür und stellt fest, dass wieder einmal keine Pfeffersalami für sein Jausenbrot in der Firma da ist. Na klar, ärgert sich Karl, als er den Bioquatsch seiner Frau inspiziert, Joghurt und Brokkoli, davon gibt es mehr als genug. Hauptsache, meiner mir Angetrauten geht's gut. Was *ich* will, ist Madame ja egal. Das Geld heimbringen, dafür bin ich gut genug, für mehr auch nicht, na wunderbar.

Karl schlurft ins Bad und will sich die Zähne putzen. Als er Zahnpasta auf seine Bürste drücken will, ist die Tube leer. Ist ja toll. Wenn *ich* das machen würde. *Ich* könnte es mir nicht erlauben, eine leere Tube in den Schrank zu stellen.

Wochenlang würde sie keifen. »Wie unaufmerksam du bist … du weißt genau, dass ich das nicht mag … nie denkst du an mich …« Karl seufzt. Er nimmt eine neue Tube aus dem Schrank und schraubt den Verschluss ab. Er gibt etwas Pasta auf die Zahnbürste und legt die Tube neben den Wasserhahn. Das Gesicht, das er im Spiegel sieht, kann unmöglich ihm gehören. Ich hab doch mal gut ausgesehen. Und jung! Ein Frauenmagnet, ein klein wenig zumindest …

Karl zieht sich an, das geht schnell, weil er ohnehin jeden Tag dasselbe anzieht. Warum auch nicht? Für wen soll er sich schön machen? Er blickt auf die Uhr. Noch zu früh fürs Büro. Den Arsch sehe ich ohnehin früh genug, denkt er. Seit ihm der Chef am 13. Dezember 2008 übel mitgespielt hat, hat dieser seinen Namen eingebüßt und mutierte in Karls Kopf vom Doktor Keiblinger zu *Der Arsch*. Karl erinnert sich täglich an jene lang zurückliegende Szene im Büro, die ihm so leuchtend klar vor Augen schwebt, als wäre sie gestern erst geschehen. Draußen lag beschissener Schnee, die beschissene Sonne ließ es beschissen glitzern – ein Scheißtag eben, vor allem wegen dem, was dann geschah: *Der Arsch* warf ihm vor versammelter Mannschaft *Unfähigkeit* vor. Bloß, weil er ein paarmal etwas ungenau gearbeitet hatte. Lappalien! Karl greift in die Hosentasche und holt ein Taschentuch hervor. Er tupft sich den Schweiß von der Stirn. Ein klitzekleiner Gedanke an *Den Arsch* reicht aus und es wird ihm warm. Aber nicht ums Herz.

Karl zieht sein Handy aus der Tasche und gibt seinen Pin ein. Ein Pin ist nötig, denn seine Frau soll nicht sehen, was sie nicht sehen soll. Er surft eine Weile im Netz und betrachtet den einen oder anderen Frauenkörper. Manchen Frauen schaut er auch ins Gesicht, vor allem denen, die ihn sehnsüchtig und willig anfunkeln. So einen Blick hat er von Nora zum letzten Mal genau wann gesehen? Er ist sich nicht sicher, ob seine ihm Angetraute ihm überhaupt schon jemals solche Blicke zugeworfen hat. Hat sie *überhaupt* noch Blicke für ihn? Irgendwelche? Wann hat sie das letzte Mal aktiv an ihm Interesse gezeigt? Zum Reifenwechseln bin ich gut genug. Zum Müllraustragen auch. Aber im Bett bin ich ihr nur lästig. Ach, zum Teufel, denkt Karl. Er steckt das Handy ein und greift sich seine Tasche. Er schlüpft in Schuhe und Mantel und verlässt das Haus.

Nora öffnet langsam die Augen. Da heute ihr freier Tag ist, hat sie ausschlafen können. Sie richtet sich auf, lässt sich aber wieder zurück in das Kissen sinken. Der Nacken schmerzt heftig, wie immer beim Aufwachen. Der Schmerz zieht sich bis zum Schädel rauf und pocht auch vorne an der Stirn. Sie massiert mit Fingerspitzen ihre Kiefergelenke, die auch immer häufiger verrücktspielen. Diese verdammten Erdstrahlen, denkt Nora und krabbelt mühsam aus dem Bett. Oder ist es die Matratze? Der Kopfpolster? Sie steckt die nackten Füße in die Pantoffeln, bückt sich mit einem lauten Ächzen und richtet die Alumatte, die sie sich für teures Geld gegen die Erdstrahlen im Internetz gekauft hat, unter ihrem Bett so aus, dass sie schön bündig mit der Bettkante abschließt.

Dann streift sie ihr blass geblümtes Flanellnachthemd ab und stellt sich nackt vor den Spiegel. Dabei mustert sie sich eingehend, wenn auch mit etwas zugekniffenen Augen, denn die ungeschönte Wahrheit ist so früh am Morgen schwer zumutbar. Dennoch sieht sie mehr, als ihr lieb ist. Ich könnte schwören, dass diese Delle gestern noch nicht da war, denkt sich Nora und betastet ihren linken Oberschenkel. Da wirft man einen Haufen Geld für Cremen aus dem Fenster, und wofür?

Sie geht ganz nahe an den Spiegel heran und betrachtet die Fältchen um ihre Augen. Gott, wie ich aussehe, es ist zum Heulen! Dennoch lässt sie ihren Blick, einem unbarmherzigen Scanner gleich, den Körper abwärtsgleiten. Nur kurz erlaubt sie sich, den Hals zu streifen, ihren einstmals so schönen Hals, aber auch die darunterliegende Region macht ihr nicht wirklich Freude. Da, wo früher die Brüste waren, da ist jetzt, ja was eigentlich? Nichts! Um sich über den Busen ärgern zu können, muss sie inzwischen deutlich weiter nach unten schauen. Aber auch die Körpermitte macht schon lange keine Freude mehr. Weder optisch noch sonst wie. Mit ärgerlichem Blick starrt Nora auf ihre Schwangerschaftsstreifen und zieht an ihrem Bauch herum. Die Kinder sind weg, die Streifen sind geblieben. Undankbar wie sie sind, melden sie sich das ganze Jahr über kaum mal freiwillig, die Kinder.

Nora wendet sich von ihrem Spiegelbild ab. Sie schlüpft in den Morgenmantel und geht in die Küche. Ob er das eigentlich absichtlich macht, denkt sie, als sie einen Fingerabdruck auf der blank polierten Küchenfront entdeckt. Sofort wischt sie ihn mit einem Ärmel ihres Morgenmantels weg. Wenn sich bloß alle Dinge so einfach wegwischen ließen! Nora lässt ihren Blick in der Küche kreisen und entdeckt sogleich die Tasse, die Karl stehen lassen hat. Als ob ich seine Putzfrau wäre! Der Ärger macht sich in einem leichten Ziehen in der Magengrube bemerkbar. Sie öffnet den Geschirrspüler und stellt die Tasse wie jeden Morgen in den Spülkorb. Wenn sie schon dabei ist, macht sie dort auch gleich Ordnung, denn die Teller sind falsch einsortiert, wie immer. Karl! Er muss das absichtlich machen. So dumm kann nicht einmal ein Mann sein.

Sie schließt den Geschirrspüler und geht ins Bad. Natürlich sticht ihr zuallererst die geöffnete Zahnpastatube auf dem Waschtisch ins Auge. Der Kerl treibt mich in den Wahnsinn, denkt sie. Am liebsten würde sie es herausschreien. Aber was würde die dicke Dvorjak vom Haus nebenan von ihr denken? Dieses Tratschweib. Sofort würden es alle Leute in der Straße wissen. Sie verschließt den Mund ebenso wie die Tube und stellt sie in den Schrank. Sie wäscht sich das Gesicht und presst die Augen fest zusammen. Tut das gut, nichts sehen zu müssen. Wenigstens für ein paar Sekunden. Doch nichts hält ewig, nach dem Abtrocknen entdeckt sie ein paar feine Wassertropfen auf dem Spiegel, die sie mit dem Handtuch wegwischt. Karl soll nicht denken, dass ich nicht besser bin als er.

Zurück in der Küche, richtet sie sich ein Glas lauwarmes Wasser und gibt reichlich Zitronensaft dazu. Sauer, wie immer. Eigentlich widerlich das Zeug. Und wofür? Abnehmen tu ich ja trotzdem nichts, alles für die Katz. Sie leert das Glas und ein leichter Schauer durchläuft ihren Körper.

Sie sieht aus dem Fenster und beobachtet neidisch den Nachbarn auf der anderen Straßenseite, der sich gerade mit einem richtigen Kuss von seiner Frau an der Haustür verabschiedet. Der küsst seine Frau noch, obwohl die auch schon ein paar Jahre verheiratet sind. Es wäre also möglich. Mit einem richtigen Mann. Aber mit Karl? Sie kann sich das noch nicht einmal ausmalen.

Ein anderer Mann, denkt Nora und lässt sich auf den Fernsehstuhl sinken. Automatisch greift sie zur Fernbedienung und schaltet RTL ein. Zeit für ihre Lieblingssoap.

Die Macht der kleinen Gedanken

Nora und Karl sei gedankt. Sie nehmen uns Autoren viel Arbeit ab. Allein durch das Lesen der Geschichte müsste Ihnen, werte Leserin und werter Leser, klar geworden sein, was wir Ihnen vermitteln möchten. Folgendes nämlich: Es ist nicht egal, was man den lieben langen Tag denkt. Wir empfehlen: Denken Sie wie Karl und Nora stets an das, was fehlt, und an das, was nicht so sein sollte, wie es jetzt gerade ist! Unsere Gedanken dominieren das, was wir Leben nennen. Sie färben unsere Tage grau oder himmelblau. Gedanken leiten uns durch den Tag. Und da sie das jeden Tag tun, sind sie ein Leitsystem unseres Lebens. Sie bestimmen auch, wie wir uns fühlen und wie es den anderen mit uns ergeht. Sie sind das Fundament, auf dem alles fußt.

Wir lassen unseren Blick noch ein wenig auf Karl und Nora weilen, unserem nicht untypischen Paar der westlichen Hemisphäre, und analysieren die beiden ein wenig. Sensibel und aufmerksam, wie Sie sind, geschätzte Leserschaft, haben Sie es sicher gespürt: Wie feiner, kalter Nieselregen liegt eine Negativität auf unseren Protagonisten. So viele kleine miese Gedanken sind es, die ihr Leben dominieren und im Grunde ausmachen. Gedanken, Gedanken, Gedanken. Sie leiten uns alle durch den Tag und begleiten uns wie ein Sprühregen im Gehirn – Stunde um Stunde, bis zu dem Moment, wenn wir erledigt im Bett liegen und, Gott sei es gelobt, diesen Tag hinter uns gebracht haben.

Nora und Karl sind bereits Meister ihres Faches, das muss man neidlos anerkennen: Kaum ein netter Gedanke zwängt sich als weißes Schaf in die endlose Herde schwarzer Blöker, die täglich in ihren Gehirnen grasen. Nora und Karl, ein Paar auf Augenhöhe. Es würde uns nicht wundern, wenn sie sich auch in zehn Jahren immer noch auf die Nerven gingen. Sie werden sich ihre verschiedenen Krankheiten, die sie sich Tag für Tag mit bewundernswerter Konstanz erarbeiten, in die Schuhe schieben und weitermachen bis zum bittersüßen Ende. Ihren Gedanken sei es gedankt!

Übung macht den Meister!

»Ich bin so fett!« »Mein Chef kann mich ohnehin nicht leiden, egal wie sehr ich mich bemühe.« »Meine Mutter hat mich nie geliebt.« So könnten kleine miese Morgengedanken zum Aufwärmen klingen.

Die Hirnforschung erklärt uns, dass wir pro Tag rund 60.000 bis 80.000 Gedanken kreieren. Die allermeisten Gedanken, die uns heute durch den Kopf gehen, hatten wir gestern auch schon. Ebenso wie vorgestern und vorvorgestern und ... genau, auch die Wochen, Monate und vermutlich sogar Jahre zuvor. Unser Gehirn strebt nämlich danach, im Gewohnheitsmodus zu arbeiten, weil es dabei wesentlich weniger Energie verbraucht. Das heißt, wenn wir uns nicht bewusst darum bemühen, kommt nichts Neues an Gedanken zustande. Das ist auch ein wesentlicher Grund dafür, warum sich vieles in unserem Leben immer wiederholt. Tag für Tag rufen wir die gleichen Geschichten und Bewertungsmuster ab. Wenn wir also unser Gehirn täglich mit negativen oder belanglosen Bildern füttern und überfluten, dann bilden sich im Gehirn dementsprechende neuronale Netzwerke, die quasi diese »Realität« in unserem Gehirn abbilden.

Ein paar Zeilen aus dem jüdischen Talmud fassen das sehr gut zusammen:

> Achte auf deine Gedanken,
> denn sie werden Worte,
>
> achte auf deine Worte,
> denn sie werden Handlungen,

> achte auf deine Handlungen,
> denn sie werden Gewohnheiten,
>
> achte auf deine Gewohnheiten,
> denn sie werden dein Charakter,
>
> achte auf deinen Charakter,
> denn er wird dein Schicksal.

Da wir uns hier dem existenziellen, leidvollen Weg hingeben wollen, brauchen Sie, geschätzte Leserin und geschätzter Leser, also nichts weiter zu tun, als den Negativismus in den Gewohnheitsmodus überzuführen. Sie brauchen sich bloß klarzumachen: Die Welt ist ein böser, gefährlicher, bedrohlicher Ort – Ihr Mantra. Alles andere macht Ihr Gehirn dann ganz automatisch. Toll, nicht wahr?

Im Leistungssport soll es ausreichen, eine Bewegungsabfolge zwischen sechs und acht Wochen lang regelmäßig zu wiederholen, um diese so zu verinnerlichen, dass man sich nicht weiter darauf konzentrieren muss – es geht dann ganz von selbst.

Nun, bei unseren mentalen Abläufen funktioniert das genauso. Das Kuriose dabei ist, dass es nicht nur auf den Inhalt der Gedanken ankommt, die wir uns angewöhnen, sondern auch auf die Tonlage und das Tempo, wie wir denken.

Spüren Sie einen Hauch von Zweifel? Macht nichts, denn wir servieren Ihnen den Beweis: Zählen Sie bitte im Kopf von eins bis zehn. Sehr schnell und in einer sehr hohen Tonart. Erledigt? Gut. Jetzt reflektieren Sie kurz, wie sich das anfühlt. Haben Sie das gemacht? Gut. Nun zählen Sie bitte erneut im Kopf von eins bis zehn, diesmal jedoch ganz langsam und in einer sehr tiefen Tonart. Fertig? Jetzt reflektieren

Sie erneut, wie sich diese Denkart angefühlt hat. Spüren Sie den Unterschied? Das schnelle und schrille Denken versetzt unseren Körper in eine Art Alarmzustand, wie eine Sirene. Wenn wir also das Schnelle und das Schrille mehr und mehr verinnerlichen, wird dies förmlich zu unserer neuen Denk-Grundhaltung. Das heißt, wir verfallen allmählich in einen Daueralarmzustand. Dies wiederum führt dazu, dass der Körper Alarm- bzw. Stresshormone ausschüttet, wie zum Beispiel unsere guten alten Bekannten Adrenalin und Cortisol. Dadurch schaffen wir es, immer krankheitsanfälliger zu werden, weil wir ständig unser Immunsystem belasten, wenn wir auf Daueralarm gepolt sind, und früher oder später die Immunabwehr schlappmacht. Und genauso fühlen wir uns dann, was unserer gemeinsamen Intention, der Lust am Leiden, sehr entgegenkommt, nicht wahr?

Unser Körper arbeitet und reagiert immer noch auf die gleiche Art und Weise wie der des guten alten Neandertalers. Weil jener verblichene Zeitgenosse des Öfteren mit Säbelzahntigern zu tun hatte, war seine Programmierung auf Kampf oder Flucht ziemlich vorteilhaft. Unsereiner, der dagegen bloß auf seinen Boss oder die Schwiegermutter trifft, muss den altehrwürdigen Reflex des Kampfes oder der Flucht unterdrücken und wird seine Stresshormone folglich körperlich nicht los. Laut kreischend vor der Schwiegermama davonzulaufen oder dem Herrn Chef die Fäuste zu zeigen, würde evolutionär eher unserem Naturell entsprechen, doch wie so oft achten wir nicht auf unseren Stammbaum und unsere Gesundheit und behalten die Stresshormone unverarbeitet in uns, was nicht das Gesündeste ist, aber ja nicht schlecht sein muss für den, der langfristig leiden will.

Zurück zur Tonlage. Sie fragen sich vielleicht, warum Ihnen noch nie aufgefallen ist, dass Ihr Denken eine bestimmte Tonlage und ein eigenes Tempo besitzt. Nun, das kommt so: Wenn wir etwas sehr lange, also über Jahre oder Jahrzehnte, praktiziert haben, merken wir dies längst nicht mehr, eben weil wir es andauernd tun. Man wird auf diesen Zustand erst wieder aufmerksam, wenn man darum gebeten wird, mal in einer gewissen Tonlage von eins bis zehn zu zählen … Doch wenn Sie ohnehin die meiste Zeit im Kampf- oder Fluchtmodus durch Ihr Leben hetzen, brauchen Sie sich gar nicht um Tempo und Frequenz Ihres Denkens zu kümmern. Das ist dann ohnehin schnell und schrill. Und schnell und schrill macht – Angst. Ist das nicht wunderbar?

Ohne Gefühle geht's nicht

Wir sind so frech, dem Talmud-Zitat noch eine eigene Zeile hinzuzufügen:

> Achte auf deine Gedanken,
> denn sie werden Gefühle.

Gedanken sind nämlich nur Teil eins der menschlichen Dramödie. Der Sockel, auf dem alles ruht. Jeder unserer Gedanken ruft im Handumdrehen ein emotionales Echo hervor, ein Gefühl! Und mit den aus den Gedanken erwachsenden Gefühlen setzt sich nahtlos Teil zwei der menschlichen Lächerlichkeit in Szene, denn wie wir wissen, beherrschen Gefühle die meisten von uns Zweibeinern, von der Kindheit bis ins Grab. Heute mehr denn je! Gerade in unserer Zeit, in der

Gefühle zum neuen Leitstern auserkoren wurden, ist diese folgenschwere Kausalität von Gedanken zu Gefühlen für unser gemeinsames Projekt – der Erforschung eines miesen Lebens – von größter Wichtigkeit. »Wenn es sich gut anfühlt, dann mach es!«, lautet die Devise vieler Glückspropheten (Gilt der Spruch auch für einen Alkoholiker am Morgen, vor dem ersten Schnaps?). Rümpfen Sie jetzt die Nase, weil wir uns erfrechen, abschätzig über Gefühle zu sprechen? Werte Damen und Herren, es ist nötig, dies zu tun, wir *müssen* darüber reden. Im Dienste unseres gemeinsamen Projekts müssen wir uns ganz besonders (auch) auf die eigenen Gefühle konzentrieren, denn schließlich kann mit einer strengen Fokussierung darauf die Kacke erst so richtig zum Dampfen gebracht werden. Es ist quasi der Königsweg für ein mieses Leben. Doch wie der genau aussieht, sei an diesem Punkt des Buches noch nicht preisgegeben. Erst müssen wir uns die Grundlagen erarbeiten, bevor wir die Perlen heben.

Wenn es im Körper rumpelt

Wie man sehr schön anhand des beispielgebenden Verhaltens von Karl und Nora erkennen kann, rufen die ständig wiederkehrenden Gedanken und Gefühle allmählich auch körperliche Entsprechungen hervor. Ein saurer Magen durch viel Zorn oder muskuläre Verhärtungen und Zähneknirschen durch Verbissenheit und Starrsinn sind mehr die Regel denn die Ausnahme. Alle psychosomatischen Wehwehchen und Krankheiten beruhen auf diesem Prinzip. Unsere körperlichen Sensationen wiederum stimulieren erneut entsprechende Gedanken. Und diese wiederum Gefühle. Und so weiter und so fort. Ein wirklich wunderbarer Kreis bahnt sich hier seinen Weg, nicht wahr?

Was, Sie kennen das? Bei Ihnen selbst ist es auch nicht viel anders als bei unserem Vorzeigeehepaar? Wirklich? Na, das ist ja wunderbar!

Dann verfügen Sie ja bereits über elementares Grundwissen, was unser gemeinsames Projekt angeht! Sehr schön. Es kann gar nichts mehr schiefgehen.

Was wir daraus lernen

- Was du säst, wirst du ernten: Negative Gedanken sind die Grundlage für alles, was Spaß macht: miese Gefühle, verletzende Worte, hinterfotzige Handlungen und kaputte Beziehungen.

- Steter Tropfen höhlt den Stein: Wenn man brav immer weiter mies denkt und nicht damit aufhört, fühlt sich irgendwann auch der Körper so richtig scheußlich. Versprochen!

Kapitel 2

IMMER SCHÖN NEGATIV BLEIBEN!

Frau Silvia kommt seit geraumer Zeit zur Therapie. Als sie den Vorraum betritt, hört man ihr Handy piepen. Den geduldigen Therapeuten verwundert das nicht, denn so beginnt fast jede ihrer Sitzungen. Es dauert einige Minuten, bis sie den Praxisraum betritt, da sie zuvor noch einige Chatnachrichten beantwortet. Frau Silvia erscheint wie gewohnt top gestylt, in einem Designerkleid, stark geschminkt und eingehüllt in eine intensiv duftende Parfümwolke. Beim Hinsetzen wirft sie dem Therapeuten einen lasziven Blick zu und beugt sich beim Händeschütteln so weit vor, dass ihr üppiges Dekolleté aufreizend hervorblitzt. Dieses optische Highlight ist im Übrigen ein Valentinsgeschenk ihres Mannes, der ihr die von ihr gewünschte Brustvergrößerung spendiert hat. Ihr ganzes Auftreten und ihr Erscheinungsbild hat etwas Gekünsteltes. Obwohl es in ihrem Leben an nichts mangelt, wie sie selber sagt, wird sie schon seit geraumer Zeit von einem nagenden Gefühl der Unzufriedenheit gequält. Ihr Mann, der sehr viel arbeitet, hat in der Vergangenheit alles Mögliche versucht, um seine Frau glücklich zu machen. Ein tolles Haus, Schmuck, teure Kleider, kostspielige Urlaube und vieles mehr. Doch die Freude darüber währte zumeist kurz.

All diese Dinge und Aktivitäten führen nicht dazu, dass sich Frau Silvia so glücklich und leidenschaftlich fühlt, wie es offenbar bei ihren vielen Instagram-Freundinnen der Fall ist. Ganz im Gegenteil: Nachdem es ihr immer schwerer fällt, neue Dinge oder Reiseziele zu finden, die ihr kurzfristig das Gefühl von Lebendigkeit geben könnten, hat sie ihren Fokus mehr und mehr darauf verlagert zu bemängeln, was in ihrem Leben alles *nicht* passt. Ihre Figur und ihre Haare sind nicht so schön wie die ihres Lieblings-Schlagersternchens, ihr Mann verbringt viel zu wenig Zeit mit ihr und so weiter. Das wiederum nervt ihren Mann zusehends, der seiner Frau schon mehrfach vorgeworfen hat, ihr es ohnehin nicht recht machen zu können, und der sich zunehmend zurückzieht. Das wiederum frustriert Frau Silvia noch mehr. Ein Perpetuum mobile der Frustrationen sozusagen. Nachdem die Welt der sozialen Medien seit Langem zu einem zentralen Lebensinhalt der Dame geworden ist, was ihre generelle Unzufriedenheit zusehends verstärkt, empfindet sie den größten Widerwillen, dem Rat ihres Therapeuten zu folgen und ihren Fokus weniger auf deren Inhalte zu richten. Das rührt wohl daher, weil die virtuelle Welt immer mehr zu einem Kernstück ihrer Identität geworden ist.

Viele Menschen sind lieber unzufrieden, als dass sie die Identität aufgeben würden, die sie unglücklich macht. Denn, so die unbewusste Überzeugung, besser unzufrieden als gar niemand mehr zu sein, weil Letzteres ziemlich angsteinflößend ist.

Tja, wie heißt es so schön? *Wenn du glücklich bist und du weniger glücklich sein willst – dann fang an zu vergleichen.* So wie sich beispielsweise Frau Silvia stets mit ihren virtuellen »Freundinnen« vergleicht und dafür die Quittung serviert bekommt.

Das folgende Gedicht (aus der Feder von Wolfgang Pichler) soll dies weiter verdeutlichen:

Die Frage, wer ich bin
Ist nun gerade dieser Tage
»En vogue« – ist wirklich »in«

Doch mit der Zeit empfindet's man als Plage
Denn kaum glaubt man die Antwort jetzt gefunden
Schon klopft der erste Zweifel an
Hat man sich grad' doch erst gebunden

Ans nächste Ding – den reichsten Mann
Nun – ist des Nachbarn Ding nicht schöner?
Bleibt er denn auch bei mir – der reiche Mann?
Und schon verblasst der Glanz – an dem ich fröne

Spür' leis' die Angst, weil ich's nicht halten kann
Nicht halten kann den Glanz und Glimmer
Seh' ich doch tausend Dinge, die wohl besser sind
Bin ich genug? Hab keinen Schimmer

Dabei weiß doch nun wirklich jedes Kind
Wenn's drinnen in dir leer und kahl
Dann such dein Heil nicht in der Welt
Wird's doch nur zuletzt öd' und fahl

Trotz all dem Tand, der dir gefällt
Sieh zu, den Himmel in dir selbst zu finden
Danach mög' stehen dir der Sinn
Auf dass du fröhlich kannst verkünden

Wie gut, dass ich in meinem Herzen bin!

Immer her mit Instagram, Facebook und Co!

Vor ein paar Jahren wurde eine Studie veröffentlicht, die besagt, dass junge Erwachsene umso häufiger an Depressionen und Angststörungen leiden, je mehr Zeit sie auf Social-Media-Plattformen wie Facebook, Instagram, Youtube & Co. verbringen. Diese Plattformen werden vorrangig über das Handy genutzt und sind daher bei den jüngeren Mitbürgern Teil ihres Alltags. Jaja, die Jungen, die sind uns Älteren ein schönes Stück voraus, wenn es um das Schaffen eines ungesunden Ambientes geht. Auf den Nachwuchs ist Verlass, wunderbar! Der begnügt sich längst nicht mehr mit einem Nachrichten-Blättchen, das man einmal durchblättert und dann wegwirft, der will das ganze Paket!

Sie fragen sich nun vielleicht, was es damit auf sich hat? Nur weil man zwischendurch immer wieder mal in den sozialen Medien unterwegs ist, soll man gleich depressiv werden? Kann doch nicht sein? Wir dürfen entgegnen: Ja doch, so ist es. Dafür gibt es gleich mehrere Gründe: Einer davon ist, dass dieses »Hin-und-wieder-Mal« oft beträchtliche Ausmaße annimmt, was vielen gar nicht bewusst ist. Mittlerweile gibt es diverse Apps, die die tägliche Nutzungsdauer der User aufzeichnen. Sie zeigen uns, dass die jüngeren Zeitgenossen durchschnittlich rund vier Stunden oder mehr in den sozialen Medien verbringen. Macht nach Adam Riese in etwa dreißig Stunden pro Woche, wobei die Zeit für Computerzocken und Fernsehen noch gar nicht mitgerechnet ist.

Deswegen wird man wohl nicht depressiv werden, könnten Sie einwenden. Allein davon wohl nicht, aber es entsteht eine zunehmende Tendenz zur Sucht. Dopamin, ein Neurotransmitter, pusht immer wieder das Belohnungszentrum im Gehirn. Diejenigen von Ihnen, die starke Raucher sind, kennen das gut. Man hat gerade eine Zigarette geraucht und doch spürt man schon wieder den Drang nach dem nächsten Lungenstreichler. Gibt man diesem Drang gleich nach und zündet sich eine neue Zigarette an, verschwindet er schon nach wenigen Zügen.

Nun, wie Sie, werte Leserin, werter Leser, vielleicht schon bemerkt haben, wirken die sozialen Medien ähnlich. Ab einem gewissen Zeitpunkt reagieren viele Menschen auf die Empfangssignale am Handy wie der Alkoholiker, wenn er Gläser klimpern hört. Diese Trigger stimulieren das Belohnungszentrum und schon will man zum Handy beziehungsweise zur Flasche greifen. Ist man erst einmal darauf konditioniert, hilft es einem herzlich wenig, wenn man um dieses Dilemma, dieses Verhalten, weiß – man macht es trotzdem.

Gut, könnten Sie einwenden, da mag vielleicht etwas dran sein, eine gewisse Suchttendenz mag ja bestehen, aber deswegen gleich depressiv werden? Wie Sie vielleicht schon des Öfteren an sich selbst bemerkt haben, frustriert es einen doch ein klein wenig, wenn man diesem zwanghaften Wiederholen nicht widerstehen kann. Da wir uns das aber nur recht ungern eingestehen wollen, verdrängen wir es, so gut es geht. Und schon haben wir wieder ein kleines Stück Negativität in uns gespeichert, denn jede kleine verdrängte Frustration ist ein weiterer, wertvoller Mosaikstein. Viele derartige »Frustrationssteinchen« verankern in uns mit der Zeit immer mehr ein Grundgefühl von »Ich schaffe es nicht« oder »Nicht einmal *dafür* habe ich genug Willenskraft«.

Ein weiterer wichtiger und wertvoller Aspekt, was Negativität in Bezug auf die sozialen Medien angeht, ist das »Sich-Vergleichen«. Wohin man auch schaut, überall lachen uns fröhliche, makellose und perfekt gestylte Gesichter entgegen und die dazu passenden Körper sind auch nicht zu verachten. Diese anbetungswürdigen Menschen posten im Halbstundentakt, wie aufregend und toll ihr Leben doch sei. Es ist naheliegend, dass wir uns da fragen, warum denn unser Leben nicht auch so aufregend und toll ist. Warum nicht auch wir so einen makellosen Körper mitsamt tollem Sixpack haben. Dass die Fotos von diesen Supermenschen häufig von diversen Fotoprogrammen mächtig geschönt werden, wissen wir zwar, ändert aber nichts am Gefühl, das bleibt: Die sind toll und ich bin es nicht. Und schon haben wir wieder einen weiteren Mosaikstein an Negativität hinzugefügt. Nach und nach manifestiert sich zunehmend die Überzeugung, dass mit uns und unserem Leben etwas ziemlich falschläuft. Damit kann man doch nicht zufrieden sein. Da müsste noch viel mehr gehen, nicht wahr?

Nur schlechte Nachrichten sind gute Nachrichten

Wir wollen nicht nur die neue Medienlandschaft lobend erwähnen, auch die guten alten Medien spielen immer noch eine wichtige Rolle auf unserer Reise in ein wunderbar destruktives Dasein. Damit ein mieses Leben langfristig und dauerhaft gelingen kann und nicht nur eine Randnotiz in Ihrem Lebensroman darstellt, muss dieses Projekt auf einem breiten und massiven Fundament gegründet sein. Da dürfen wir nichts dem Zufall überlassen. Halten Sie sich bitte stets vor Augen: Die Welt ist schlecht! Und lassen Sie sich nichts anderes einreden. Seien Sie bitte vorsichtig. Schließlich sind die Gutmenschen mittlerweile wirklich aufdringlich mit ihrer »Heile-Welt-Botschaft«, die können einem glatt jede üble Laune abspenstig machen. Ganz zu schweigen von einer schönen fetten Depression, einer tiefen Sinnkrise oder einer völligen Vereinsamung. Da will man sich endlich voll und ganz dem Weltschmerz hingeben – schon stehen ein paar von diesen Helferkomplexlern auf der Matte und säuseln: »Alles wird gut.« Richtig widerlich, so viel Penetranz. Lassen Sie sich nicht einwickeln vom Süßholzgeraspel und den treuherzigen Blicken und glauben Sie uns: Nichts wird gut! Sie sehen das doch auch so, nicht wahr? Gut so, es ist schließlich wichtig, dass wir an einem Strang ziehen.

Damit unsere nihilistische Saat aufgehen und prächtig gedeihen kann, muss also das Beet bereitet sein. Und was könnte wohl der ultimative Nährboden für Ihr zartes Pflänzchen der Erbärmlichkeit sein? Natürlich eine durchgehend destruktive Geisteshaltung! Doch so eine Geisteshaltung bekommt man nicht über Nacht, auch wird sie einem nicht einfach geschenkt. Wie ein nasses halberfrorenes Kätzchen will diese Negativität genährt und gepflegt werden. Verstehen Sie das, geschätzte Leserin und geschätzter Leser? Oh ja, Sie als suchende Seele, Sie verstehen das nur zu gut.

Gott sei Dank ist das Nahrungsangebot für unser Nihilistenkätzchen geradezu grenzenlos. Wovon wir sprechen, fragen Sie? Na, von den Medien natürlich! Von den Zeitungen, vom Fernsehen, aber auch von den sozialen Medien, diesen Plattformen, wo wirklich jeder Hirnfurz genüsslich in die Welt entlassen werden kann.

Spüren Sie einen Hauch von Zweifel? Tun Sie das nicht! Nicht zweifeln! Schauen Sie, es ist doch ganz einfach. Machen wir die Probe aufs Exempel: Bevor Sie das nächste Mal nach Ihrer Boulevardzeitung greifen, hören Sie einfach in sich hinein und fragen sich, wie Sie sich fühlen, auf einer Skala von eins bis zehn. Eins bedeutet ganz mies, zehn heißt absolut top. Nehmen wir an, Sie geben sich eine resche Sechs, das ist ein ziemlich durchschnittlicher Wert, der vermutlich gut zu Ihnen passt (Oder sind Sie jemand, für den Durchschnitt ein Schimpfwort ist?). Dann vertiefen Sie sich ausgiebig in Ihre Zeitung und lassen dabei nicht die kleinste Schandtat aus, die dort beschrieben wird. Jeder noch so banale und dumme Leserbrief kann wichtig sein, jeder eingeschlagene Zahn wertvoll! Wenn Sie schließlich die Zeitung wieder zusammenfalten, dann halten Sie doch bitte inne und fühlen noch einmal in sich hinein. Sie werden sehen – irgendwie fühlen Sie sich ein wenig erbärmlicher. Nur mehr eine schlappe Drei vielleicht. Sie sehen, es hat funktioniert! Es geht bergab. Ein neues kleines mieses Gefühl hat sich in Ihnen breitgemacht.

Haben Sie schon einmal vom Werther-Effekt gehört? Nein? Nun, dieser Effekt besagt, dass eine Erhöhung der Anzahl von Suiziden festgestellt werden kann, wenn zuvor eine Zeit lang über einen Suizid berichtet wurde. Gerade in der Altersgruppe von Jugendlichen und jungen Erwachsenen ist der Nachahmer-Effekt beträchtlich.[1]

Wir, die Autoren, behaupten nun stehenden Fußes, dass der regelmäßige Konsum der Boulevardpresse nicht zwangsläufig auch bei Ihnen zum Selbstmord führen wird, aber dennoch Ihrer psychischen Gesundheit tüchtig Schaden zufügen kann – schön schleichend, ohne dass Sie es merken. Das ist ein bisschen wie beim Frosch, den man in einen Topf mit kaltem Wasser setzt und dann teuflischerweise das Wasser schön langsam erwärmt. Der Frosch merkt gar nicht, dass er allmählich gekocht wird.

Sie sehen, dass es für unser Projekt schon recht bedeutsam ist, dass Sie regelmäßig diverse Schundblättchen konsumieren. Schließlich haben speziell die Boulevardzeitungen einen nicht zu unterschätzenden Wert auf Ihrem Weg zum Lebensverdruss. Es wäre doch schade, diese wirksame Ressource, die noch dazu so leicht und billig zu bekommen ist, nicht zu nutzen.

Und natürlich sollten Sie auch im Internet fleißig Nachrichtenkanäle konsumieren. Das hat den Vorteil, dass Ihnen alle kleinen und großen Katastrophen dieser Welt jederzeit abrufbereit zur Verfügung stehen. In Farbe und Großaufnahme, und wenn Sie Glück haben, auch in Zeitlupe. So machen jeder Horrorcrash und jeder Raketeneinschlag gleich noch mehr Freude. Und das Allerbeste daran ist, dass Sie diese Ereignisse mit Ihrer virtuellen Community teilen können. Ein Klick, ein Like, ein Share, und schon verköstigen Sie auch Ihre lieben Mitmenschen mit den Unappetitlichkeiten dieser Welt.

Negativität als Lebensmotto

Wesentlich verstärkt kann diese Wirkkraft noch werden, wenn Sie sich möglichst viel mit negativen Inhalten beschäftigen. Sie teilen auf Social Media viele Inhalte, bei denen Menschen und Tiere gequält und misshandelt werden? Sie sehen sich selbst mehr und mehr als hilfloses Opfer von bösen Mächten, die uns unterdrücken und manipulieren? Sie denken »quer« und glauben plötzlich an Dinge, die Sie früher niemals für möglich gehalten hätten? Die virtuelle Beschäftigung mit derlei Dingen hat zur Folge, dass Ihnen diese Plattformen mehr und mehr von solchen Inhalten anbieten, bis Ihr Gehirn so konfiguriert ist, dass es auch in Ihrem alltäglichen Leben häufiger derartige Inhalte aus dem Informationsstrom herausfiltert, der Sie umgibt und auf Sie einströmt.

Schließlich gelangen Sie mehr und mehr zur Überzeugung, dass die Welt, in der wir leben, ein ganz schlimmer Ort ist. Von der verderbten Menschheit ganz zu schweigen. Sollten es andere wagen, Ihr negatives Weltbild anzuzweifeln oder sogar angebliche positive Entwicklungen anzuführen, können und wollen Sie dies gar nicht mehr glauben, ganz einfach, weil diese Botschaften nicht mehr zu Ihrer Programmierung passen. Positive Entwicklungen, wie beispielsweise die Halbierung von Gewalttaten weltweit, eine starke Reduzierung der Kindersterblichkeit, die Halbierung der Hungertoten, all dies werden Sie als naiv und blauäugig abtun. Schließlich zeichnen Ihre Bewusstseinsfilter ein ganz anderes Bild, ein durch und durch schaurig-schönes negatives Bild!

Sie wollen die Probe aufs Exempel versuchen? Fein, nichts leichter als das. Nehmen Sie sich heute fest vor, zwischendurch immer wieder an die Farbe Blau zu denken. Dann schauen Sie mal, was Sie in Ihrem Alltag mehr und mehr wiederfinden. Natürlich das Blau! Selbst an Orten und Plätzen, wo Sie schon mehr als hundertmal hingesehen haben, werden Sie vermehrt Blau entdecken. Wie gesagt, unser Bewusstsein filtert gemäß unserer Fokussierung und Programmierung. Je emotional geladener unsere Programmierung ist, umso intensiver filtert unser Bewusstsein die Entsprechungen im Außen heraus. Es ist etwa so wie bei Frauen, die gerade schwanger geworden sind und plötzlich überall Schwangere und Kinderwägen sehen.

Gemäß unseres Leitmottos heißt dies: Je mehr Negativität, insbesondere solche, die auch emotional geladen ist, wir in uns tragen und kultivieren, umso negativer nehmen wir auch uns selbst und unsere Welt wahr. Cool, nicht wahr?

Carl Gustav Jung meinte einmal in einer seiner Arbeiten, dass der menschlichen Psyche eine religiöse Funktion innewohne. So schrieb er sinngemäß, er habe in all den Jahren des therapeutischen Arbeitens nicht einen einzigen Patienten gehabt, dessen zentrales Problem in der zweiten Lebenshälfte nicht das des »religere«, der »religiösen Funktion« gewesen wäre.

Nun, das lateinische Wort »religere« bedeutet so viel wie »rückbinden an Bilder und Überzeugungen.« Es geht um unsere inneren Bilder, auf die wir uns beziehen und an denen wir uns orientieren. Sie sehen also, geschätzte Leserin, geschätzter Leser, der Großteil der Menschen ist »religiös« veranlagt. Ob Sie nun an ein Bild von Jahwe, Shiva, dem Teufel, den Waldfeen oder an die Farbe Blau gebunden sind, ist für diese Funktion unerheblich. Wichtig ist, dass das Bild, auf das sie bezogen sind, möglichst emotional geladen ist.

Je mehr Sie also Ihr Bild von der schlechten Welt emotional aufladen, was angesichts des Medienarsenals wohl kein Problem sein sollte, desto mehr wird dieses Bild still und leise zu Ihrer Religion.

Sie spüren einen Widerstand in sich? Sie meinen, so weit ist es bei Ihnen doch noch nicht gediehen? Glauben Sie uns, es ist so! Sie sollten Ihr Licht nicht unter den Scheffel stellen! Wissen Sie, ab einem gewissen Grad der »Religiosität« ist das Bewusstsein kaum mehr zugänglich für rationale Vernunftargumente. Schauen Sie sich doch all die Fanatiker dieser Welt an! Egal ob politische oder religiöse, Ernährungsfetischisten oder sonstige. Versuchen Sie doch einmal, deren Überzeugungen infrage zu stellen, da werden Sie Ihr blaues Wunder erleben!

Das Wort Person kann vom lateinischen »personare« abgeleitet werden und heißt übersetzt »hindurchtönen«. So wie ich mich immer wieder einstimme, so erlange ich auch die entsprechende »Tönung«. Wenn Sie zwei gestimmte Cellos nahe nebeneinanderstellen und auf einem davon wie wild »herumsägen«, dann werden Sie es verstimmen. Gleichzeitig verstimmt sich allmählich auch das zweite Cello, ohne dass Sie es angefasst haben, weil die intensive Schwingung, die Sie am ersten Cello erzeugen, auch auf das zweite Cello einwirkt. Das ist doch eine schöne Metapher für unsere Thematik. Das »Verstimmt-Sein«, das ich bei mir selbst hervorrufe, verstimmt mit der Zeit auch die mir nahestehenden Menschen. Solange diese in Ihrer Nähe bleiben, können sie sich dem gar nicht entziehen.

Sie erschaffen mit Ihrer Negativität also nicht nur sich selbst ein mieses Leben, sondern auch Ihren Mitmenschen. So entstehen mehr und mehr die tollsten Dramen. Stark, nicht?

Wie schwingen Sie?

Sie haben vielleicht von dem berühmten japanischen Forscher Dr. Masaru Emoto gehört, der sich seit vielen Jahren mit der Beschaffenheit und dem »Verhalten« von Wasser beschäftigt. Im Zuge seiner Forschungen hat der Mann ein interessantes Experiment gemacht. Er betrachtete zunächst die Struktur von destilliertem Wasser unter einem speziellen Mikroskop. Dann füllte er dieses Wasser in verschiedene Gläser und verschloss sie. Später klebte er auf die Gläser Etiketten mit verschiedenen Begriffen wie Liebe, Dankbarkeit, Mitgefühl, Hass, Neid etc. Nach einiger Zeit betrachtete Dr. Emoto die Wasserstruktur in den unterschiedlichen Gläsern. Während das Wasser mit der Aufschrift »Liebe« oder »Mitgefühl« wunderschöne, schneeflockenartige Strukturen gebildet hatte, war das Wasser mit der Aufschrift »Hass« oder »Neid« ziemlich unschön anzusehen. Ist schon erstaunlich, oder? Bereits Wörter verändern die Struktur von Wasser. Nun, Wörter sind letzten Endes nichts anderes als gesprochene oder geschriebene Gedanken. Wenn nun aber schon Wörter einen solchen Einfluss auf Wasser haben, welchen Einfluss haben sie dann wohl auf uns? Schließlich bestehen wir ja aus rund achtzig Prozent Wasser (die Jüngeren zumindest, der Wasseranteil nimmt im Laufe des Lebens ein wenig ab). Überlegen Sie mal: Welches Wort würde erscheinen, wenn man Ihnen ein Post-it auf die Stirn kleben würde und sich jenes Wort darauf manifestieren würde, das Sie am besten charakterisiert?

Vergessen Sie Ihre Kinder nicht!

Wenn Sie Kinder haben und diese auf Ihren Leidensweg mitnehmen wollen, dann vergessen Sie bitte auch das gute alte Fernsehen nicht. In die Glotze zu schauen ist nach wie vor ein wertvolles Instrument. Die Anzahl der Bilder hat sich in vielen Filmen seit den Siebzigerjahren des letzten Jahrhunderts mehr als verdoppelt, da die Sequenzen immer kürzer und schneller wurden. Das heißt, die Bilderflut, der wir uns und auch unsere Kinder aussetzen, ist mächtig gestiegen.

Wir, die Autoren, haben ja selber Kinder großgezogen beziehungsweise versuchen selbiges immer noch. Es war auch für uns deutlich wahrnehmbar, wie die Bilder in den Kindersendungen immer schneller wurden. Während die Geschichten von Benjamin Blümchen oder Bibi Blocksberg ein geradezu gemütliches Tempo hatten, zog das Tempo im Kinderkanal spürbar an. Machen Sie doch einfach einmal die Probe aufs Exempel: Sehen Sie sich alleine oder mit Ihren Kindern einen Micky-Maus-Film aus den Siebzigerjahren an und danach zum Vergleich SpongeBob Schwammkopf. Wir denken, Sie werden den Unterschied bemerken und vor allem auch spüren. Na, klingelt es da bei Ihnen? Wie oben bereits erklärt, hat das Tempo der Bilder einen nicht unerheblichen Einfluss auf unsere mentale Befindlichkeit. Auch Hyperaktivität und Aufmerksamkeitsdefizite lassen sich damit wunderbar anfachen: Setzen Sie zunächst Ihr Kind täglich mehrere Stunden einer Bilderflut aus, wenn möglich einer sehr schnellen. Das bringt Ihren Liebling schön auf Trab. Dann gehen Sie mit dem Kind zum Arzt und lassen das kleine aufgebrachte Kinderhirn wieder herunterbremsen. Chemische Medikamente dafür gibt es zur Genüge. Treffsicherer kann man ein Kind wirklich nicht verwirren! Sie erkennen sicherlich: Ein weiterer wertvoller Mosaikstein für unser Gesamtkunstwerk eines miesen Lebens ist gefunden! Speziell bei Kindern lassen sich innere Unruhe und Konzentrationsstörungen durch diese Reizüberflutung noch toppen, indem man sie mit Ritalin vollstopft, was in den USA bei Hunderttausenden Kindern gängige Praxis ist. Das müssen wir, die Autoren, neidlos anerkennen und verneigen uns in Ehrfurcht. Hier sind wirkliche Profis für ein mieses Leben am Werk.

Ein recht anschauliches Beispiel aus der Praxis: Frau Janina, die seit einiger Zeit zur Therapie kommt, hat zur heutigen Sitzung ihren fünfjährigen Sohn mitgebracht, weil ihr kurzfristig die Babysitterin abgesprungen ist. Der kleine Mann stapft mit einem Tablet unterm Arm herein in die Praxis. Die Mutter kann ihren Filius kaum dazu anhalten, wenigstens beim Ausziehen von Schuhen und Jacke stillzuhalten, so aufgekratzt ist der kleine Sprössling. Frau Janina meint, dass der Junge eh stillsitzen wird, wenn er mit dem Tablet beschäftigt ist, was sich alsbald als frommer Wunsch erweist. Das Kind wuselt, wie von der Tarantel gestochen, hin und her, bis es schlussendlich ungebremst mit dem Tablet gegen die Tür läuft. Gefragt, wie viel Zeit das Kind denn vor diversen Bildschirmen verbringt, meint die Mutter, dass es wohl schon ein paar Stunden am Tag sein würden, ansonsten wäre das Kind nicht auszuhalten. Tja, solch eine Erziehungsmaßnahme ist vergleichbar damit, dass man ein brennendes Haus mit Benzin löschen möchte.

Vor einigen Monaten wurde in Skandinavien ein Appell der Vereinigung der Hebammen veröffentlicht. Darin rufen die Hebammen stillende Mütter auf, während des Stillens auf das Handy zu verzichten. Durch den häufigen Gebrauch des Handys während des Stillens werde nämlich, so die Hebammen, der Blickkontakt zwischen Mutter und Kind deutlich reduziert. Gerade dieser Blickkontakt ist aber für die Entwicklung des Kindes von großer Bedeutung, insbesondere was das spätere Bindungs- und Beziehungsverhalten angeht. Für ein mieses Leben kann man also gar nicht früh genug anfangen! Schon der Umgang mit den Allerkleinsten kann einen in diese Richtung weisen.

Was wir daraus lernen

 ◆ Im Vergleich zum Leben vieler anderer Menschen ist Ihres ein schlechter Witz. Instagram & Co. lügen nicht. Überzeugen Sie sich täglich davon, wie toll das Leben sein könnte. Über mögliche Nebenwirkungen informieren Sie Ihr Arzt oder Psychotherapeut.

 ◆ Wer auf dem Laufenden bleiben will, muss sich täglich Nachrichten aus aller Welt reinziehen. Reality-Horrormeldungen via Zeitungen und TV erfreuen das Gemüt ebenso wie die Verdauung.

 ◆ Kinder ohne Bildschirm vorm Gesicht sehen schon etwas seltsam aus, finden Sie nicht?

Kapitel 3

DER KÖRPER: EIN NOTWENDIGES ÜBEL

Georg, 42 Jahre alt, sitzt schwerfällig im Lehnstuhl und blickt sein Gegenüber mit trüben Augen an. Das graugrüne Holzfällerhemd spannt sich über seinen Bauch. Die Knöpfe des Hemds machen den Eindruck, als könnten sie den groben Stoff nur mit Mühe zusammenhalten und würden jeden Moment das Weite suchen. Unter dem Hemd trägt er ein T-Shirt. Da die oberen zwei Hemdknöpfe offen stehen, kann man bruchstückhaft eine Aufschrift auf dem Shirt erkennen. Georgs braune Cordhose hat – seinem Besitzer gleich – auch schon bessere Zeiten gesehen. Ganz allgemein macht der Mann nicht den Eindruck, als wäre ihm sein äußeres Erscheinungsbild ein Herzensanliegen. Seit ihn seine Frau vor fünf Jahren verlassen hat, lebt er allein. Es war im Laufe der bisherigen Therapie so ziemlich das einzige Mal, dass bei Georg so etwas wie emotionale Erregtheit spür- und sichtbar wurde, als das Gespräch auf seine zerbrochene Ehe gefallen war. »Dieses blöde, undankbare Weibsstück!«, hatte er plötzlich ausgerufen, als sein Therapeut auf das Thema zu sprechen kam. »Wir hatten es doch so gut miteinander!

Bis Hilde auf die glorreiche Idee kam, arbeiten zu gehen. Danach hat sie nur mehr herumgemeckert. Sie sei nicht meine Mutter, hat sie dauernd gesagt. Ich würde nur jeden Abend auf der Couch sitzen, wie ein fettes Baby, das darauf wartet, dass Mami kommt und Essen macht. Undankbares Flittchen! Wer hat denn die Hälfte der monatlichen Kosten bezahlt? Das sollte doch reichen, oder nicht? Was will sie denn? Ich bin nun einmal der gemütliche Typ.«

Georg kommt nun seit vier Monaten zur Therapie. Zwar nicht aus eigenem Antrieb, aber er kommt. Sein Hausarzt hat ihn geschickt, er meinte, dies könnte seinem Patienten guttun. Georg kratzt sich etwas verlegen an seinem Stoppelbart. Der Therapeut hat jetzt schon geraume Zeit nichts mehr gesagt und dieses beiderseitige Schweigen bereitet Georg Unbehagen. »Also, ich weiß nicht«, murmelt er vor sich hin.

»Also, ich auch nicht«, murmelt der Therapeut wie ein Echo. Wieder Schweigen.

»Hat das Ganze hier eigentlich noch einen Sinn?«, fragt Georg schließlich in die Stille hinein.

»Woran würden Sie denn erkennen, dass das hier Sinn macht?«, fragt der Therapeut zurück.

»Keine Ahnung, vielleicht daran, dass ich dann ein geiles Leben habe, wenn ich hier rausgehe?«, antwortet Georg fragend.

»Definieren Sie doch bitte *geiles Leben*.«

Schweigen. Nach einer gefühlten Ewigkeit ruft Georg plötzlich aus: »Na, was weiß denn ich! Das ganze Remmidemmi, das alle anderen auch machen! Action, Spaß, Sex! Leben eben!«

»Scheint, als ob dieses Remmidemmi, wie Sie es nennen, schon eine ganze Weile her ist, oder? Darf ich fragen, was auf Ihrem T-Shirt geschrieben steht, das Sie unter Ihrem Hemd tragen?«

Georg zuckt zusammen. »Just do nothing«, antwortet er schließlich etwas verlegen. Und fügt hinzu: »Wer will schon aussehen wie Ronaldo …

»Wie passend!«, schmunzelt der Therapeut. »Einfach nichts tun. Ihr Lebensmotto?«

Georg sieht sein Gegenüber finster an. Der Therapeut überlegt und sagt: »Georg, Sie kommen nun schon einige Zeit zu unseren Gesprächen. Nicht so sehr aus freien Stücken, sondern weil Ihr Hausarzt nicht mehr weiterweiß. Ihre körperliche Gesundheit geht mehr und mehr den Bach hinunter – und da reden wir nicht von einem kleinen Gebirgsbächlein. Ihr Bach hat schon Hochwasser und eine ziemliche Strömung. Beim Studieren Ihrer Blutwerte sträuben sich einem die Nackenhaare. Sie sind mittlerweile so gelenkig wie ein Käfer auf dem Rücken. Ihr Körper schickt Ihnen ein Warnsignal nach dem anderen. Bei Ihren Blutdruckwerten drängt sich die Frage auf, wie lange es wohl noch dauert, bis Sie der erste Schlaganfall umhaut. Und Sie reden von Action und heißem Sex? Dazu würden Sie wohl ein Beatmungsgerät brauchen!«

Georg sieht seinen Therapeuten überrascht an, kneift die Augen zusammen, seine Lippen sind ein Strich. Er schweigt.

»Wissen Sie Georg, ich mache mir Sorgen um Sie. Ich habe das Gefühl, es braucht bei Ihnen eine andere Sprache«, fährt der Therapeut fort, »denn – da muss ich Ihnen beipflichten – sonst haben diese Gespräche wirklich keinen Sinn. Es ist ein Irrglaube zu meinen, der Therapeut soll ein bisschen Psychozauber machen und alles wird gut. So ist es nicht. Ein gesunder Geist wohnt in einem gesunden Körper, das sagten schon die alten Römer. Wenn wir diesen Spruch mal umdrehen und auf Sie anwenden, könnte man ihn eher so formulieren: Ein ungesunder Körper bringt einen ungesunden Geist hervor. Nix Spaß und lustig!«

Georg protestiert: »Hey, jetzt übertreiben Sie aber!«

»Ist das so?«, fragt der Therapeut zurück. »Sie laborieren seit Jahren an wiederkehrenden depressiven Episoden. Es gibt genügend Studien, die zeigen, dass die Ernährung sehr wohl einen nicht unerheblichen Einfluss auf ein Depressionsgeschehen hat. Sie ernähren sich, wie Sie selber sagen, hauptsächlich von Junkfood. Bei der Bewegung ist es ähnlich. Die ausgiebigste Bewegung bei Ihnen ist das Schleppen der Bierkisten. Soll ich noch mehr sagen?«

Georg versucht sich aufzurichten, was ihm aber aufgrund seiner Korpulenz schwerfällt. »Nein, danke«, brummt er verärgert.

Der Therapeut gibt immer noch keine Ruhe: »Ich möchte Ihnen jetzt eine simple Frage stellen: Was soll man, wenn Sie einst sterben werden, in kurzen Worten als Zusammenfassung Ihres Lebens auf Ihren Grabstein schreiben?«

»Was weiß denn ich«, antwortet Georg resignierend. »Er hat die Sache gut gemacht – drum wird er auch nicht ausgelacht.« Wieder Schweigen. »Machen Sie sich um mich keine Sorgen, Doc. Meine Eltern brachten zusammen über zweihundertzwanzig Kilo auf die Waage und beide sind über siebzig geworden.«

Georg hat es mittlerweile geschafft aufzustehen. Er blickt den Therapeuten mit seinen trüben, fast gelblichen Augen an und sagt plötzlich grinsend: »Die beste Therapie für mich ist doch ein Big-Mac-Menü und ein paar Bier. Und auch viel billiger!« Er dreht sich um und geht grußlos. Und kommt nicht wieder.

Die Gene sind schuld

Tja, wer nicht will – der hat schon. Wir glauben, was wir glauben wollen. Wie wir anhand dieses Therapiegesprächs sehr schön erkennen können, besteht ein weiterer wichtiger Baustein für ein mieses und leidvolles Leben darin, dass wir jegliche Eigenverantwortung, insbesondere was unseren eigenen Körper angeht, weit von uns schieben. Der medizinische Apparat, der in den letzten Jahrzehnten aufgebaut wurde, unterstützt uns in dieser Richtung nach Kräften. So wurden in der Vergangenheit Unsummen für alle möglichen Therapieformen ausgegeben, aber nur ein Pipifax für Prophylaxe, also für Vorbeugung.

So wie für Georg ist es auch für Sie, liebe Leserin und lieber Leser, viel bequemer, alles und jeden für Ihre Befindlichkeiten verantwortlich zu machen, nur nicht sich selbst. Mögliche Schuldige gibt es wie Sand am Meer: Handystrahlung, Gentechnik, Impfungen, böse Dämonen, Bill Gates, Ausländer, die Regierung, Ihr Partner oder Ihre Partnerin (wobei für so manche der Übergang vom Partner zum Dämon oft nur noch graduell ausmachbar ist), die schlecht bezahlte Arbeit, die Eltern oder was und wer auch immer.

Okay, könnten Sie nun einwenden, das ist ja alles schön und gut, aber Georg sei Ihnen, was die Erlangung eines miesen Lebens angeht, doch beträchtlich im Vorteil. Anhand der Schilderung, die Georg von seinen Eltern abgegeben hat, ist doch sicherlich eine genetische Disposition anzunehmen. Man kann also mit Fug und Recht davon ausgehen, dass bei Georg dieses leid- und krankmachende Konzept quasi in Fleisch und Blut übergegangen ist, während Sie sich dieses noch mühselig erarbeiten müssen. Nun, dass es so etwas wie eine genetische Disposition gibt, wird natürlich auch von uns keineswegs in Frage gestellt. Doch – und hier kommt unsere frohe Botschaft: Verschiedene Zellbiologen, wie etwa Bruce Lipton, erklären uns seit Jahren, dass alleine durch eine deutliche Veränderung der Ernährungsgewohnheiten über einige Monate hinweg mehr als 400 verschiedene Gene ab- bzw. angeschaltet werden können. Das heißt für unser Projekt eines leidvollen und krankmachenden Lebens, dass Sie, liebe Leserin und lieber Leser, nur tüchtig Zucker, rotes Fleisch, reichlich Fett und ähnliche Leckereien in sich hineinschaufeln und all dies bestmöglich mit Alkohol runterspülen müssen, um allmählich ein ähnliches Genprofil wie jenes von Georg zu kreieren. Toll, nicht wahr?

Werte Leserschaft, Sie spüren wieder einen Hauch von Zweifel? Kann das eben Gelesene stimmen? Da wurde Ihnen in der Vergangenheit gebetsmühlenartig erzählt, dass die Gene uns Menschen bestimmen, und jetzt soll das so nicht mehr stimmen? Ja genau, so ist es. Natürlich gibt es eine Reihe von Genen, die fest verankert sind, wenn man es so bezeichnen möchte. Daneben gibt es aber auch eine Vielzahl von Genen, die durch unsere Umwelt, unsere Ernährung, unsere Beziehungen und vieles mehr beeinflusst und verändert werden. Mehr noch, sie werden quasi an- und ausgeschaltet, wie ein Lichtschalter.

Was Georg angeht: Persönlichkeitsbildung erfolgt zum allergrößten Teil durch Nachahmung. Die ersten sechs bis acht Lebensjahre laufen wir als Kinder wie Camcorder neben unseren Eltern her und nehmen alles auf. Würden unsere Eltern nach dieser Zeit verschwinden, so würden wir dennoch in ihrer Welt aufwachsen und leben. Erst nach diesen sechs bis acht Lebensjahren entwickeln wir mehr und mehr eigenes Bewusstsein. Diese elterlichen Programme sind also gewissermaßen unser Grundprogramm. Und diese Programme wiederum beeinflussen auch – beträchtlich – die Gene des Kindes. Sollten Sie, geschätzte Leserin und geschätzter Leser, kleine Kinder haben und diesen als gute Mutter oder vorbildlicher Vater die existenziellen Erfahrungen von einem miesen Leben mit auf den Weg geben wollen, so brauchen Sie im Wesentlichen nichts weiter zu tun, als es ihnen vorzuleben. Denn – die Persönlichkeit eines Kindes entsteht zu einem großen Teil durch Nachahmung.

Mit Krücken lebt man besser

Wir sind so frei und verdeutlichen eben Gesagtes anhand einer kurzen Geschichte von Anthony de Mello:[2]

Als der Leiter einer Kommune aufgrund eines Unfalls seine Beine kaum mehr verwenden konnte, lernte er, sich mit Krücken fortzubewegen. Mit der Zeit wurde er immer besser darin und konnte sogar kleine Kunststücke zeigen, um seine Mitmenschen zu amüsieren. Dann kam ihm in den Sinn, auch seinen Kindern und Enkelkindern die Verwendung von Krücken beizubringen. Alsbald war es in der Kommune en vogue, Krücken zu benützen, und nach einiger Zeit tat es jeder. In der fünften Generation konnte wirklich niemand mehr ohne Krücken gehen. In der Schule wurde das Laufen mit Krücken in den Lehrplan aufgenommen und die Schreiner in der Kommune wurden berühmt für die Qualität der von ihnen hergestellten Gehhilfen. Man überlegte sogar, elektronische Hightech-Krücken zu bauen.

Eines schönen Tages kam ein junger Mann vor den Gemeinderat und fragte, warum denn alle mit Krücken gingen, wo Gott dem Menschen doch Beine zum Gehen gegeben hat. Die Mitglieder des Gemeinderates waren amüsiert, dass dieser Jungspund sich für klüger hielt als sie, und beschlossen, ihm eine tüchtige Lektion zu erteilen. »Junger Mann«, sagten sie, »wir freuen uns über deinen Innovationsgeist. Warum zeigst du uns denn nicht, wie man das macht?«

»Einverstanden«, antwortete der Mann. Am nächsten Morgen wurde die Demonstration seines angeblichen Könnens in der Gemeindehalle vereinbart. Die Halle war bis auf den letzten Platz gefüllt. Der junge Mann humpelte mit seinen Krücken in die Halle. Alsbald stellte er sich hin und ließ die Krücken fallen. Es wurde mucksmäuschenstill. Dann machte er einen Schritt vorwärts und – fiel auf sein Gesicht. Hiermit wurde allen, die zusahen, ihr Glaube bekräftigt, dass es nicht möglich sei, ohne Hilfe von Krücken gehen zu können.

Die Erklärung: Der gute Mann musste einfach zu Fall kommen, denn einerseits waren seine Beine durch den Nichtgebrauch mittlerweile völlig verkümmert und andererseits war das Selbstverständnis des eigenen »Gehenkönnens« nur mehr rudimentär vorhanden.

Ähnlich verhält es sich mit Menschen, die zwar noch so etwas wie einen Rest von gesundem Hausverstand haben, aber umgeben sind von einer kollektiven Überzeugung, dass wir für jedes minimale Wehwehchen einen Arzt, Therapeuten oder wen auch immer brauchen – also Krücken, bloß in anderer Form.

Diese Krücken können als Symbol für all die scheinbar so wichtigen Helfer und Hilfsmittel verstanden werden, ohne die wir glauben nicht sein zu können! Die Ärzte, Therapeuten, Diätologinnen, all die Coaches und Ratgeber (mit Ausnahme der Autoren und dieses erhellenden Buches), Ihr Partner oder Ihre Partnerin, auch Medikamente und Pülverchen aller Art, Alkohol und Drogen und vieles mehr. Unser Tipp: Übertragen Sie einfach alle Verantwortung für Ihre Befindlichkeiten auf diese »Helferlein«, dann können auch Sie mehr und mehr lebensuntüchtig durch Ihre Tage humpeln. Und Ihre Kinder werden Ihnen folgen und deren Kinder und deren. Klingt das nicht verlockend?

Essen Sie sich krank

Eine besonders einfache Möglichkeit, die eigene Verantwortlichkeit für sich und den Körper abzustreifen, liegt in der Art und Weise der Ernährung. Es ist *wirklich* einfach! Unser Rat (mit oder ohne Schlag): Lassen Sie sich, liebe Schwestern und Brüder im Geiste eines miesen Lebens, einfach gehen! Langen Sie kräftig und nach Herzenslust zu! Besonders der Konsum süßer Speisen und Getränke sei Ihnen ans Herz gelegt. Zuckerkonsum ist noch dazu besonders einfach zu bewerkstelligen. Ein Cola hier, ein süßer Riegel da, ach, Sie wissen das doch ohnehin.

Für Männer haben wir ein besonderes Angebot: Zucker wirkt für Sie wie ein wahrer Turbobooster, was die Entstehung von Depressionen angeht. Laut einer britischen Studie haben Männer, die täglich mehr als 67 Gramm Zucker zu sich nehmen, eine um 23 Prozent höhere Chance, innerhalb der nächsten fünf Jahre eine Depression zu ergattern, als solche, die nur halb so viel Zucker verzehren. Na, das hat doch was, nicht wahr?

Werte Damen, bitte nicht neidisch werden. Sie haben es laut einiger Studien zwar schwerer, ausschließlich durch hohen Zuckerkonsum eine Depression zu erreichen, doch dies wird durch die Einnahme der Antibabypille und anderer Hormone, speziell in den Wechseljahren, mehr als wettgemacht (auch diese erfreuliche Tatsache ist durch Studien belegt).

Nicht nur unser Gehirn verändert sich, je nachdem wie wir es benutzen. Bei unserer Zunge und unserem Gaumen ist es nicht anders. Die Geschmacksknospen unserer Mundschleimhaut erneuern sich zirka alle zwei Wochen. Dies wird jedoch stark davon beeinflusst, wie wir uns ernähren. Nicht nur die Empfindsamkeit der einzelnen Geschmacksknospen wird durch die Nahrungsmittel beeinflusst, die wir zu uns nehmen, auch das Verlangen nach bestimmten Geschmacksrichtungen passt sich unserem Nahrungsangebot an. Dies geht sogar über die Mundschleimhaut bzw. die Geschmacksknospen hinaus: Manche Bereiche des Gehirns, die den Appetit und das Verlangen nach gewissen Inhaltsstoffen regeln, werden durch die Ernährung ebenfalls angesprochen. Wir empfinden nämlich nicht nur »Heißhunger« auf bestimmte Nahrungsmittel, weil uns gewisse Inhaltsstoffe fehlen. Vielmehr können wir uns dieses Verlangen förmlich antrainieren, indem wir gewisse Nahrungsmittel besonders oft essen. Egal ob es gesunde oder weniger gesunde Nahrungsmittel sind. Je öfter wir etwas essen oder trinken, desto mehr sehnen wir uns danach. Und das gilt nicht nur für Cremetorte oder Weihnachtspunsch.

Um Sie bezüglich des Zuckerkonsums noch weiter zu motivieren: Sie sind in allerbester und breitester Gesellschaft! In Deutschland und Österreich schaufelt der Durchschnitt 33 bis 35 Kilogramm Zucker pro Jahr in sich hinein. Das schaffen Sie doch auch! Außerdem, wer will schon Durchschnitt sein? Sie sicher nicht! Das übertrumpfen Sie doch allemal, nicht wahr? Na eben, bravo!

Zumal bedeutet dieser Durchschnittswert, dass man täglich lediglich 96 Gramm Zucker konsumiert. Das ist doch nicht viel, das ist locker zu schaffen. Bitte lassen Sie sich nicht von der Weltgesundheitsorganisation irritieren, wenn sie meint, dass das in etwa die vierfache Menge dessen ist, was noch unbedenklich sei. Donald Trump wusste schon, dass man denen nicht trauen darf.

Als Bonus ein Ernährungstipp von Georg, Meister seines Fachs: Ein *1955 Burger* und ein *Big Tasty Bacon* von McDonalds (1615 Kalorien, 91 Gramm Fett, 21 Gramm Zucker), dazu ein kühles Coke (500 ml 190 Kalorien, 45 Gramm Zucker) ergeben zusammen 1805 Kalorien, 91 Gramm Fett und 66 Gramm Zucker. Kaum zu glauben, wie einfach es ist, sich den durchschnittlichen Kalorienbedarf pro Tag (der liegt bei Erwachsenen bei rund 2000 Kalorien) mit ein paar Bissen zu Leibe zu führen.[3]

Am besten ist es (im Sinne unseres Projekts natürlich), solche Mahlzeiten abends einzunehmen, da diese dann besonders gut in viszerales Bauchfett umgewandelt werden. Ob man genug davon hat, lässt sich nur teilweise auf den ersten Blick sagen. Denn dieses Fett bildet einerseits die schönen Schwimmreifen um die Hüften, die den einen oder anderen vielleicht schon vor dem Ertrinkungstod gerettet haben. Andererseits befindet sich viel von diesem viszeralen Fett im Bauchraum, also drinnen und gut versteckt, wo es sich angenehm um die Organe schmiegt. Warum gerade das Bauchfett besonders erstrebenswert ist? Weil sich darin jede Menge Entzündungszellen tummeln, die für die Entstehung diverser Krankheiten förderlich sind.

Sie fragen uns, was die langfristige Belohnung eines anständigen Schwimmreifens sein kann? Na, so ziemlich alles! Mit reichlich und dauerhaften Entzündungen kann man fast alle Bereiche des körperlichen Wohlbefindens ankurbeln, von Depression bis Alzheimer, von Rheuma über Diabetes bis hin zu Krebs ist einfach alles im Körbchen.

Ja, so einfach ist das!

Falls Sie sich jetzt fragen, ob das schon alles war, können wir Sie beruhigen. Wir und Sie können noch einen Gang zulegen. Um diese existenziellen Leiderfahrungen eines ramponierten Körpers so zeitnah wie nur möglich zu generieren, ist es hilfreich, sich regelmäßig ein reichliches Maß an Alkohol zuzuführen – insbesondere Hochprozentiges ist wirkungsvoll. Wenn Sie schön regelmäßig (bitte wirklich unbedingt regelmäßig) harte Sachen konsumieren, wird die Durchblutung des Dünndarms abgewürgt. Dadurch wiederum wird die Aufnahme von Nährstoffen behindert und führt zu entzündlichen Prozessen im Magen-Darm-Trakt. Und schon ist unser Ziel erreicht, denn wie man mittlerweile weiß, können Entzündungen langfristig zu Depressionen führen. Voilà!

Wenn Sie also in der Vergangenheit versucht haben, Ihre Probleme im Alkohol zu ersäufen, so können Sie nun frohen Mutes erkennen: Sie selbst sind der Schöpfer und Meister. Keiner kann sich seine Depressionen und andere begehrenswerte Seinszustände so zielsicher zusammenschustern wie Sie selbst.

Der Hintern ist zum Sitzen da

Damit Sie Ihr zartes Pflänzchen namens »mieses Leben« nicht unnötig gefährden, hier noch ein gut gemeinter Apell: Bewegen Sie sich so wenig wie möglich. Warum? Nun, da gibt es ein Protein mit dem Namen »Brain-Derived-Neurotrophic-Factor,« kurz BDNF-Protein. Für die Bildung dieses Proteins braucht der Körper ein gutes Maß an körperlicher Bewegung. Einen Schönheitspreis wird das Protein mit diesem Namen zwar nicht gewinnen, aber lassen Sie sich nicht täuschen, es kann was, unser BDNF-Protein. Konkret ist es sehr wichtig für das Wachstum neuer Gehirnzellen und Synapsen. Je mehr von diesem Protein zur Verfügung steht, umso besser ist die Merk- und Denkfähigkeit. Doch glücklicherweise funktioniert die Sache auch andersherum. Wenn der Körper sehr wenig von diesem Protein produziert, macht sich das in unserer Denkstube bemerkbar, indem wir uns kaum noch konzentrieren können. Und sich Dinge merken, das funktioniert dann auch nicht mehr so gut (Ein Riesenvorteil für Sie, werte Leser, die Sie dieses Buch dann immer und immer wieder lesen können, denn stets wird sich der Genuss des ersten Mals einstellen.).

Ein weiterer Benefit: Haben wir über einen längeren Zeitraum sehr wenig dieser BDNF-Proteine zur Verfügung, so haben wir alsbald gute Chancen auf Angststörungen, Schlafstörungen, Depressionen und Burnout.

Die regelmäßige Bewegung unserer Muskeln regt auch die Produktion eines weiteren Proteins mit dem vielsagenden Namen PGC-1a1 an. Dieses kleine Eiweiß verändert eine Aminosäure namens Kynurenin. Die Folge: Das Kynurenin kann die Blut-Hirn-Schranke nicht mehr überwinden. Mit Blick auf unser Projekt muss man sagen: Halten Sie die Füße still! Ein hohes Maß an dieser Aminosäure verändert die Funktion unserer Nervenzellen und es besteht der Verdacht, dass das mit dem Entstehen von Alzheimer, Schizophrenie und Depression etwas zu tun haben könnte. Die Conclusio: Sie müssen nichts tun, außer sitzen zu bleiben. Den Rest erledigt der Körper. Wenn das nicht toll ist!

Nicht dass es für unser Projekt eines miesen Lebens von Wert wäre, doch wenn Sie, liebe Leserin und lieber Leser, sich mit dieser Thematik etwas genauer beschäftigen wollen, können Sie dies mit dem Buch »Depression und Burnout loswerden« von Klaus Bernhard.

Die guten alten griechischen Philosophen sollen nur im Gehen philosophiert haben. Wären sie sitzen geblieben, wären uns manch wirre Schriften erspart geblieben. Außerdem, wer will schon Philosoph sein? Wer will schon wandeln und denken, wenn man im Sitzen doch viel besser auf einen Bildschirm gucken kann?

Was wir daraus lernen

- Eines ist gewiss: Die Gene sind schuld. Und falls Sie gemeinerweise gute Gene haben, lassen Sie sich nicht unterkriegen, Sie sind stärker als diese Winzlinge.

- Machen Sie es wie Georg. Seien auch Sie ein »gemütlicher Typ« und halten die Füße still. Ihr Benefit: Ihr Körper produziert keine überflüssigen Proteine, die unserem Projekt entgegenwirken würden. Also: Sitz, Georg! Und Sie auch!

- Seien Sie eine ganz Süße, ein ganz Süßer. Machen Sie sich den sinnigen Sinnspruch zu eigen: Einen Schwimmreifen in Ehren kann keiner verwehren.

Kapitel 4

MIESE BEZIEHUNG – MIESES LEBEN

Klara und Stefan haben soeben Platz genommen. Klara sitzt in einem Drehstuhl und wendet sich sogleich von Stefan ab, der neben ihr sitzt. Stefan nimmt seine Brille ab und putzt sie bedächtig. Sein dunkelblaues Sakko hängt über seiner Stuhllehne. Am rechten Ärmel seines blütenweißen Hemdes ist ein Monogramm aufgestickt, gleich über dem Manschettenknopf. Klara blickt derweilen starr auf den Boden. Schließlich richtet sie sich auf und zupft sich ihr graugrünes, mit Karos gemustertes Kleid zurecht. Ihr Haar ist straff nach hinten gebunden. Um den Hals trägt sie eine Perlenkette, die gut abgestimmt zu ihren Perlenohrsteckern passt. Stefan hat inzwischen seine Brille wieder aufgesetzt und mustert die Zimmerdecke, als würde er etwas suchen.

Im Raum herrscht betretenes Schweigen, als der Therapeut hereinkommt. »Entschuldigen Sie bitte, dass ich Sie habe warten lassen. Aber dieses Telefongespräch war mehr oder weniger ein Notfall.« Der Therapeut begrüßt die Klienten mit Handschlag, wobei Klara seinem Blick ausweicht. Der Therapeut setzt sich und öffnet seine Unterlagen. Dann

59

sieht er beide an und fragt: »Wie ist es Ihnen die letzte Woche denn ergangen? Wer möchte beginnen?«

Schweigen. Schließlich platzt es aus Klara heraus: »Sehen Sie, das ist es, was sich bei uns tut, nämlich nichts! Wir könnten hier den ganzen Tag so sitzen und der gnädige Herr würde den Mund nicht aufmachen. Wenn ich eine Holzmarionette neben mir sitzen hätte, würde es keinen Unterschied machen!«

Stefan schnaubt durch die Nase. »Das wäre ja sowieso die ideale Beziehung für dich. Dann könntest du am Schnürchen ziehen und das Männchen tanzen lassen! Und es anschließend in die Ecke werfen. Aber, was soll man auch anderes erwarten, du bist halt wie deine Mutter. Die hat deinen Vater auch wie eine Marionette behandelt.«

Klaras Augen funkeln wütend. »Du Arschgesicht!«, ruft sie zornig. »Das sieht dir mal wieder ähnlich. Außer die Mutterkarte auszuspielen, fällt dir nie etwas ein! Als ob es bei *deinen* Eltern besser gelaufen wäre! Dein Vater war doch nur deshalb so viel im Ausland, weil er nicht die Eier in der Hose gehabt hat, seinen Mann zu stehen! Und du bist genauso ein Weichei wie dein Vater! Ständig irgendwo, nur nicht zu Hause!«

»Nun, ich denke«, beginnt der Therapeut seinen Satz, doch schon fällt ihm Stefan ins Wort: »Zu Hause! Ha! In unserer Wohnung ist es so heimelig wie in der Pathologie!«

Er blickt den Therapeuten kurz an und erklärt: »Da kann sie noch so viele Teelichter und Duftkerzen aufstellen, das hat höchstens das Ambiente eines Esoterikladens.«

»Wissen Sie ...«, beginnt der Therapeut erneut, doch schon fällt ihm Klara ins Wort. »Ich versuche wenigstens, unsere Wohnung zu gestalten, aber der Herr Pascha will sich nur ins gemachte Nest setzen! Wahrscheinlich wartet der Herr auf Schalmeienklänge und Hosianna-Rufe, wenn er sich einmal dazu herablässt, vor Mitternacht aufzukreuzen!«

Stefan schüttelt mit zusammengepressten Lippen den

Kopf. »Es hat sich ganz offensichtlich noch immer nicht bis zu Madame durchgesprochen, dass das Geld, das die gnädige Frau liebend gern mit beiden Händen ausgibt, nicht von einem Wunschbäumchen geschüttelt wird, sondern verdient werden will.«

»Wir sollten nun ...«, versucht es der Therapeut erneut, doch schon fällt ihm Klara wieder ins Wort. »Ja klar, jetzt reibt mir der Herr wieder das Geld unter die Nase. Das kannst du deinen Geschäftsfreunden erzählen, dass du so viel arbeiten musst, aber nicht mir! Arbeiten! So wie letztes Jahr, als du dich mit dem russischen Flittchen vergnügt hast?«

Der Therapeut nimmt das Handy, das neben ihm auf einem Beistelltisch liegt, und drückt auf einen Button, woraufhin ein Glockenton wie von einer Schiffsglocke ertönt. Klara blickt irritiert auf und fährt dann in Richtung ihres Mannes fort: »Glaubst du, ich weiß nichts von deinen Pornos, die du dir klammheimlich in der Nacht reinziehst? Monstertitten dot com, hm? Du perverser, geiler Bock!«

Wieder drückt der Therapeut den Button und erneut ertönt ein Glockenton. Klara blickt ärgerlich auf das Handy. »Na klar«, giftet Stefan, »zum Hinterherspionieren, dazu ist die Dame des Hauses fit genug! Da haben wir dann keine Migräne oder sonstige Unpässlichkeiten. Die Mädels im Netz tun wenigstens noch so, als hätten sie so etwas wie sexuelle Lebendigkeit in sich! So eine virtuelle Illusion ist noch allemal besser als die traurige Wirklichkeit in unserem Schlafzimmer.«

Wieder drückt der Therapeut auf den Button des Handys und erneut ertönt ein Glockenton. Genervt dreht sich Klara zu ihm und faucht ihn an: »Offen gesagt finde ich das ziemlich unprofessionell, wenn Sie während unserer Therapie ständig mit dem Handy spielen! Können Sie das bitte lassen?«

»Na ja«, erwidert der Therapeut, »da Sie beide diese

Stunde heute offenbar zu einer Art Boxkampf mit jeder Menge Tiefschlägen machen und auf meine Meinung keinen Wert legen, dachte ich mir, ich beteilige mich an Ihrer Veranstaltung. Die Glockentöne signalisieren nur die Tiefschläge, die Sie einander verpassen. Wollen Sie fortfahren?«

Klara starrt den Therapeuten einen Moment überrascht an und blickt dann etwas verlegen zu Boden. Wie zu Beginn der Stunde tritt wieder Schweigen ein, das sich nach den hitzigen Minuten des Gefechtes auffallend deutlich im Raum ausbreitet. Schließlich durchbricht Stefan die Stille: »Ja, ich denke, Sie haben recht. Einen Batzen Geld für diese Sitzung zu bezahlen, um sich dann erst recht wieder eins reinzuwürgen, ist nicht wirklich geistreich. Aber sich die Sache schönzureden, hilft auch nichts. Unsere Beziehung läuft so, als hätte man permanent die Wiederholungstaste gedrückt. Heute das gleiche Elend wie gestern. Und vorgestern. Ich habe mich schon oft gefragt, warum ich mir das immer noch antue.«

Dann ist wieder Stille.

Klara wischt sich verstohlen eine Träne fort.

»Eine Frage: Was gibt es in Ihrem jetzigen Leben, das Sie verbindet?«, fragt der Therapeut in die Stille hinein.

»Sie meinen, außer, dass wir uns das Leben zur Hölle machen?«, flüstert Klara. Wieder Schweigen. »Ich versteh das einfach nicht!«, ruft Klara schließlich aus. „Wir waren doch einmal so verliebt!«

Stefan nickt resigniert, aber zustimmend.

»Es ist so«, beginnt der Therapeut erneut. »Auch wenn sich das jetzt unromantisch anhören mag, aber die Verliebtheit ist selten eine gute Orientierung, was Liebe angeht. Die beste Voraussetzung für Verliebtheit ist, dass man den anderen nicht kennt. Eigentlich lieben wir in der Verliebtheit gar nicht wirklich den anderen, sondern das Bild, das wir uns von ihm oder ihr gemacht haben, unbewusst natürlich. Je mehr wir den anderen kennenlernen, desto mehr reibt sich das Projektionsbild der Verliebtheit am realen Menschen ab und übrig bleibt – die Wirklichkeit. Wenn es so weit ist, kommen wir auf die verrückte Idee zu sagen: Ich liebe dich nicht mehr. Was für ein Unsinn!«

Stefan sieht den Therapeuten etwas ungläubig an und sagt: »Na, der hoffnungslose Romantiker sind Sie ja nicht gerade!«

Nun, werte Leserschaft, ist es an der Zeit, diese Paartherapie zu verlassen und uns in die generelle Betrachtung zu begeben. Es ist uns natürlich bewusst, dass Sie gerne weiter still und heimlich diesem Beziehungsdrama lauschen möchten, doch gibt es nun für Sie und uns Wichtigeres zu tun. Es genügt halt nicht, nur miese Beziehungen anderer mitzuverfolgen, um eine solche zu erschaffen. Sie müssen natürlich selbst tätig werden. Auch ein mieses Beziehungsleben fällt einem nicht einfach in den Schoß. Doch seien Sie versichert, wir kommen später wieder auf unser Vorzeigepaar zurück, versprochen!

Allein oder nicht allein, das ist hier die Frage

Bevor wir uns den Elementen und Bausteinen einer schlechten Beziehung zuwenden, gilt es noch die Frage zu klären, welche Konstellation geeigneter wäre für unser Projekt eines miesen Lebens: das Alleinsein oder das Leben in einer Partnerschaft. Wir dürfen vorwegnehmen, dass beide Optionen wahre Füllhörner für Leiden aller Art sein können. Dennoch würden wir dem Alleinsein grundsätzlich doch den Vorzug geben, um so richtig in die Vollen zu greifen, was tiefe Leidenserfahrungen angeht. Warum? Weil der Mensch von Geburt an als »Bindungswesen« angelegt ist. Alleine zu sein ist im Grunde nicht »sein Ding.« Viele Studien zeigen, dass Säuglinge und Kleinkinder, die nur geringe Zuwendung bekommen, eine signifikant höhere Sterblichkeitsrate aufweisen als Kinder, die gut umsorgt werden. In einer Studie zum Beispiel verglich man Kleinkinder, die bei ihren Müttern im Gefängnis blieben, wo desaströse hygienische Verhältnisse herrschten, mit Kleinkindern in einem Waisenhaus. Letztere wurden gesünder ernährt und auch die hygienischen Verhältnisse waren wesentlich besser, dennoch zeigte sich, dass die Sterblichkeitsrate der Kinder im Waisenhaus um ein Vielfaches höher war. Ihnen fehlte einfach die körperliche Nähe einer Person, mit der sie ständig in Verbindung sein konnten. Insbesondere Säuglinge und Kleinkinder brauchen ein gutes Maß an körperlicher und emotionaler Bezugnahme. Ohne diese verkümmern sie oder sterben gar.

Ein weiteres Beispiel: Ein König wollte im Mittelalter herausfinden, ob dem Menschen von Geburt an so etwas wie eine Ursprache zu eigen sei. Hierzu gab dieser König den Auftrag, sechs Säuglinge zu isolieren. Den Säuglingen sollte es an nichts fehlen und sie wurden rund um die Uhr von Ammen betreut. Diese Ammen durften jedoch keinesfalls mit den Säuglingen sprechen. Alle sechs Kinder starben.

Sie könnten nun einwenden, dass es nachvollziehbar sei, dass Säuglinge nicht ohne soziale Beziehung und Bindung zu Erwachsenen überleben könnten. Dies wäre jedoch für die meisten Erwachsenen sehr wohl möglich. Ein durchaus nachvollziehbarer Einwurf. »Sehr gut mitgedacht«, würden wir antworten, doch gibt es auch diesbezüglich einiges aus der Wissenschaft zu berichten: So zeigt eine Studie, dass verwitwete Männer, die alleine leben, statistisch gesehen fünf Jahre früher sterben als Männer, die in einer Beziehung leben. Häufige Todesursache: das Broken-Heart-Syndrom, eine Herzmuskelerkrankung, die durch emotionalen Stress ausgelöst wird und bei der Herzinfarkte und Depressionen gehäuft auftreten.

Na, überlegen Sie schon? Klingt doch verlockend, nicht wahr?

In früheren Stammeskulturen war es oft üblich, Mitglieder des Stammes, die zum Tod verurteilt wurden, nicht einfach umzubringen. Vielmehr stieß man sie aus der Gruppe aus und die Verurteilten starben dann tatsächlich nach einiger Zeit. Sie starben nicht nur an Hunger, sondern auch durch die Überzeugung, ohne die Gemeinschaft nicht leben zu können. Selbsterfüllende Prophezeiungen wurden wahr.

Sie glauben das nicht? Ein kleines Beispiel dazu aus der Neuzeit: Zwei Männer von einer Putzkolonne wurden beauftragt, einen Kühlwaggon zu reinigen. Während der Reinigung fiel die Tür des Waggons zu. Sie ließ sich von innen nicht öffnen. Da dieses Missgeschick am Wochenende passierte, wurden die beiden Männer erst zu Beginn der neuen Woche gefunden. Beide waren tot. Tod durch Erfrieren. Das Bemerkenswerte daran war, dass der Kühlwaggon gar nicht am Stromnetz hing. Offenbar steigerten sich die beiden Männer so sehr in die Überzeugung hinein, erfrieren zu müssen, dass sie es auch taten. An den Leichen der Männer wurden tatsächlich Erfrierungen am ganzen Körper festgestellt, obwohl die Temperatur im Waggon deutlich über dem Gefrierpunkt lag. Ja, da staunen Sie, nicht wahr? Solche Wirkkräfte wohnen auch Ihrem Körper inne!

Der deutsche Forscher Manfred Spitzer behauptet anhand verschiedenster Studien, dass Einsamkeit tödlicher sei als Rauchen, Alkohol und Übergewicht zusammen. Lange anhaltende Einsamkeit versetzt den Organismus offenbar in einen permanenten Alarmzustand, wobei in weiterer Folge die Immunabwehr herunterreguliert und der Mensch dadurch viel krankheitsanfälliger wird. Wenn man es hart formulieren möchte, könnte man Isolation und Vernachlässigung von Menschen über einen längeren Zeitraum mit einer Einzelhaft im Gefängnis vergleichen.

»Na, na«, könnten Sie jetzt einwenden, »so heftig werden die Auswirkungen des Alleinseins dann doch nicht sein, schließlich gibt es so manche Menschen, und auch alte Menschen, die recht zufrieden sind mit ihrem Alleinsein.« Wir würden Ihnen antworten, dass Sie über einen messerscharfen Verstand verfügen und über eine gute Beobachtungsgabe noch dazu, denn – Sie haben recht! Es macht tatsächlich einen großen Unterschied, wie man sein Alleinsein gestaltet und vor allem ob man allein sein *will* oder eben nicht. Hierzu haben wir ein schönes Beispiel auf Lager:

Es gibt eine Insel im asiatischen Raum, die man gemeinhin als die *Insel der Hundertjährigen* bezeichnet. Der Name rührt daher, weil auf dieser Insel auffällig viele Menschen leben, die 100 Jahre oder älter werden. Nicht wenige Forscher sind diesem Phänomen nachgegangen. Sie versuchten herauszufinden, wie diese alten Menschen leben und was sie so lange fit und gesund hält. Das Ergebnis kann wie folgt zusammengefasst werden: Nachdem ein großer Teil der jüngeren Bevölkerung die Insel aufgrund von fehlenden Arbeitsplätzen verlassen hat, bleiben die Alten weitgehend auf sich allein gestellt zurück. So sind die alten Leute gezwungen, sich selbst zu erhalten. Sie müssen täglich Fische fangen oder den Gemüsegarten bestellen. Den Fisch und das Gemüse bringen sie dann auf den Markt und verkaufen es dort. Auf dem Markt wiederum treffen sie täglich ihre Freunde und Bekannten, die in der gleichen Situation sind. Neben der gesunden Ernährung mit Fisch, Reis und Gemüse haben diese zähen Burschen und Mädels auch einiges zu tun, was sie in Bewegung hält. Schließlich sind diese Menschen bis ins hohe Alter gefordert, Aufgaben zu erfüllen. Sie werden also auf Trab gehalten.

Dass dieses Verhalten der ewig jungen Omis und Opis für unser Projekt eines miesen Lebens völlig kontraproduktiv wäre, erkennen Sie, liebe Leserin und lieber Leser, natürlich auf den ersten Blick. Wir führen Ihnen dieses Beispiel daher in erster Linie deshalb vor Augen, um Ihnen zu sagen: So geht's nun wirklich nicht!

Wie du mir, so ich dir

Wir hoffen, wir konnten Ihnen mit unseren Ausführungen, was das Alleinsein angeht, diese Lebensform auf Ihrem Weg zu einem wahrlich miesen Leben ein wenig schmackhaft machen. Sollten Sie jedoch die Beziehungsvariante bevorzugen, so ist das natürlich genauso gut. Wie wir bereits eingangs in diesem Kapitel anhand der Therapiesitzung erkennen konnten, sind auch bei dieser Option leidvolle Erfahrungen in Hülle und Fülle möglich – ach, untertreiben wir nicht, sie sind gewiss!

Gut, wenden wir uns also den Beziehungen zu. Wie Sie ja bereits bei Klara und Stefan mitverfolgen konnten, kann man in kürzester Zeit jede Menge leidvoller Erfahrungen kreieren. An dieser Stelle möchten wir Ihnen das Konzept des Schmerzkörpers, das Eckhard Tolle in seinem Buch »Jetzt! Die Kraft der Gegenwart« sehr schön beschrieben und erklärt hat, mit eigenen Worten und in gebotener Kürze nahebringen:

Der Schmerzkörper kann als eine Art primitive Intelligenz verstanden werden, die so ziemlich jedem Menschen innewohnt. Dieser Schmerzkörper ist in gewisser Weise eine Art emotionaler Restschmerz aus vergangenen leidvollen Erfahrungen, der nicht oder zumindest nicht gänzlich aufgelöst bzw. integriert werden konnte. Er lebt vom emotionalen Drama, das sich in fast allen Menschen von Zeit zu Zeit mal abspielt, bei manchen sogar ständig. Diese emotionalen Schmerzen verbinden sich zu einem Energiefeld, das sich in den Zellen verankert, wie Tolle erklärt. Dieses Energiefeld verhält sich nicht nur passiv, sondern es hat von Zeit zu Zeit die Tendenz, sich zu erneuern. Wenn andere Menschen in der Nähe sind, versucht der Schmerzkörper sie zu provozieren, um sich an dem Drama, das sich dann entfaltet, zu laben und zu erneuern. Schmerzkörper bevorzugen enge Beziehungen, weil sie hier am leichtesten ihr »Futter« finden. Es ist ausgesprochen schwer, dem Schmerzkörper eines nahestehenden Menschen zu widerstehen, der dich unbedingt zu einer Reaktion bringen will. Schwer auch deshalb, weil der Schmerzkörper instinktiv spürt, wo man am verletzlichsten ist. Hat er beim ersten Mal keinen Erfolg, versucht er es immer wieder, eben weil sich der Schmerzkörper dadurch erneuern will.

Bei unserem Vorzeigepaar war dieser Vorgang etwa darin zu erkennen, als Stefan seine Frau mit deren Mutter verglich und Klara Stefans Männlichkeit infrage stellte. Spannend ist auch, dass der Schmerzkörper der einen Person den Schmerzkörper der anderen Person wecken will, damit sie sich gegenseitig Energie geben können. Na, sehen Sie schon, wo das hinführt? Der eine verletzt den anderen und umgekehrt, keiner gibt nach, die Angriffe werden immer heftiger. Ein mächtiges Schwungrad anhaltenden Leidens!

Nach einer Phase des sich aufschaukelnden Dramas, Streit und Verletzungen, versöhnen sich die Partner in aller Regel wieder und es bleibt eine Zeit lang relativ friedlich – solange es die Schmerzkörper eben zulassen und das Drama wieder seinen Lauf nimmt.

Der Schmerzkörper einer Person will sowohl Schmerz zufügen als auch erleiden, doch meist ist der persönliche Schmerzkörper entweder Täter oder Opfer. So oder so zehrt er von Gewalt, entweder emotional oder körperlich. Recht absurd erscheint, dass nicht wenige Paare glauben, sich ineinander verliebt zu haben, wogegen sie sich in Wirklichkeit nur deshalb zueinander hingezogen fühlen, weil sich ihre Schmerzkörper so wunderbar ergänzen! So kann man wirklich sagen, dass manche Ehen nicht im Himmel, sondern in der Hölle geschlossen wurden.

Es ist uns, liebe Leserschaft, natürlich bewusst, dass Sie brennend daran interessiert sind, wie Ihr eigener Schmerzkörper gehegt und gepflegt werden kann. Ebenso wichtig erscheint Ihnen sicherlich die Frage, was zu tun ist, um Ihren Schmerzkörper nicht zu reduzieren oder gar aufzulösen! Das wäre nämlich ein kapitaler Rückschritt, was unser Projekt angeht.

Die Antwort ist kurz und simpel: Reflektieren Sie sich auf gar keinen Fall! Seien Sie, wenn irgendwie möglich, permanent identifiziert mit Ihrem Denken und Ihren Gefühlen! Sie *sind,* was Sie denken und fühlen, und sonst nichts! Ihr ständiges Bewerten des Partners ist richtig und wichtig. Er hat all die Etiketten verdient, die Sie ihm verpassen, ehrlich! Und Sie natürlich auch!

Der Schmerzkörper kann nur dann dauerhaft und wohlgenährt existieren, wenn Sie jederzeit Ihr Denken und Ihr Fühlen *sind!* Verzeihen Sie uns, liebe Leserin und lieber Leser, die Heftigkeit unserer Warnungen, doch uns liegt schließlich sehr viel daran, dass Sie vorankommen. Klara und Stefan haben es Ihnen bereits trefflich vorexerziert: Immer schön im Affekt agieren, dann wird es Tiefschläge in und aus beiden Richtungen hageln, dass es nur eine Freude ist.

Nun wollen wir Ihnen einen weiteren wichtigen und nützlichen Ratschlag geben, was das leidvolle Beziehungsleben angeht. Und der funktioniert so: Setzen Sie Ihre Gefühle mit den Personen gleich, die sie hervorrufen. Was damit gemeint ist? Ein an den Haaren herbeigezogenes Beispiel soll es verdeutlichen: Wenn wir zu Ihnen sagen würden, wir lieben Pizza, so wäre dies eigentlich eine nicht wirklich korrekte Aussage. Vielmehr verhält es sich nämlich so, dass wir gar nicht wirklich die Pizza lieben, sondern das Wohlgefühl, das die Pizza im besten Fall in uns hervorruft. Haben wir jedoch starken Schnupfen und Halsschmerzen, ist uns die ach so geliebte Pizza plötzlich herzlich gleichgültig. Die Pizza hat sich nicht im Geringsten verändert, aber aufgrund unserer Befindlichkeit vermag sie dieses Wohlgefühl nicht mehr hervorzurufen.

Tja, und in Beziehungen ist es häufig ebenso. Oftmals kann man bei Paaren Aussagen hören wie: »Du gibst mir das Gefühl von Geborgenheit.« Solch eine Aussage beruht aber auf der Illusion, dass wir anderen ein Gefühl geben könnten. Tatsächlich ist es aber so, dass niemand einem anderen ein Gefühl geben kann. Bestenfalls kann sich der Partner oder die Partnerin so verhalten, dass beim Gegenüber ein erwünschtes Gefühl, wie eben zum Beispiel »Geborgenheit«, hervorgerufen wird.

Sie meinen, das sei Wortklauberei? Keineswegs! Gefühle sind, wie bereits oben erwähnt, meist ein Echo von Bewertungen und Gedanken, seien sie nun bewusst oder unbewusst. Ein Beispiel: Wenn wir zu Ihnen sagen würden: »Oh – das ist aber eine tolle Hose, die Sie heute tragen! Wunderschön!«, so würde sogleich in Ihnen ein Gefühl hervorgerufen, wahrscheinlich ein angenehmes. Wenn wir dann aber sagen: »Aber dieser Pullover passt doch überhaupt nicht dazu, was haben Sie sich dabei bloß gedacht!«, so wird sogleich ein anderes Gefühl in Ihnen hervorgerufen, wohl ein eher unangenehmes. Weder das positive noch das negative Gefühl haben wir, die Autoren, Ihnen gegeben, diese Gefühle sind das Echo Ihrer Bewertungen von unseren Aussagen. Diese Bewertungen könnten lauten: »Ach, Ihnen gefällt meine Hose, schön!« Bei unserer kritischen Bemerkung könnte Ihre Bewertung lauten: »Was erlauben sich diese

Rüpel!« Sie sehen also, nicht wir haben Ihnen diese Gefühle gegeben, wir waren mit unseren Aussagen nur die »Trigger«, die »Auslöser« für Ihre Bewertungen und in Folge Ihrer Gefühle. Sie selbst haben sich diese Gefühle »gegeben«! Freilich gibt es auch Gefühle, die nicht primär durch das eigene Denken hervorgerufen werden, wie zum Beispiel das Ergriffensein von einem schönen Musikstück, doch dies soll für unser Projekt eines miesen Lebens nicht weiter von Belang sein.

Wenn wir die Frage von Stefan betrachten, die er an den Therapeuten richtete, nämlich, wie es denn in seiner Beziehung zu Klara zu so einem Niedergang kommen konnte, wo sie doch einmal so verliebt waren, ist zu sagen: Natürlich ist der Zustand des Verliebtseins eine meist sehr beglückende Sache. Allerdings sind wir uns in diesem Zustand nicht wirklich bewusst, dass wir in ein Bild verliebt sind, das wir uns von der »geliebten Person« gemacht haben. Die Grundvoraussetzung für intensives Verliebtsein ist, dass man den anderen oder die andere nicht wirklich kennt. Je mehr man sich kennenlernt, desto mehr reibt sich das Bild, das wir uns vom anderen gemacht haben, an der Wirklichkeit ab. Bis schließlich der reale Mensch übrig bleibt. Das ist dann der Zeitpunkt, wo viele sagen: »Oje, ich liebe dich leider nicht mehr.« In Wirklichkeit hat die Liebe zu diesem Menschen kaum noch wirklich begonnen.

Wir können es förmlich fühlen, wie in diesem Moment insbesondere die weibliche Leserschaft die Nase rümpft und sich denkt: Ach, sind die Autoren unromantisch, typisch Mann! Im Sinne unseres gemeinsamen Projektes, eines miesen Beziehungslebens, pflichten wir Ihnen natürlich vollkommen bei. Halten Sie stets an dieser Verliebtheitsillusion fest. Machen Sie dieses Irrlicht, dass Verliebtheit das Wesentliche sei, zu Ihrem Leitstern!

Ob wir grundsätzlich an der lebenslänglichen Liebe zwischen zwei Menschen zweifeln? Oh, nicht im Geringsten! Einmal davon abgesehen, dass solch eine Frage unser

Projekt sehr gefährdet, ist es natürlich möglich, eine gute und liebevolle Langzeitbeziehung zu pflegen und zu leben. Nur eben nicht, wenn man sich an der Zeit und den Zuständen des Verliebtseins orientiert. In einer Beziehung suchen wir uns in letzter Konsequenz immer selbst. Die Beziehungsforschung forscht (Was soll sie sonst tun?) schon seit einigen Jahrzehnten nach Antworten, was es für eine gute Langzeitbeziehung braucht. Das Ergebnis ist immer wieder das gleiche: gemeinsame Ziele, gemeinsame Werte und die Bereitschaft, sich wechselseitig auf das zuzubewegen, was der Partnerin oder dem Partner wichtig ist. That's it. Das ist das Fundament, das es braucht. Auf diesem Fundament können dann die tollsten und schönsten Gefühle kultiviert werden.

Für eine miese und chaotische Beziehung wäre so ein Verhalten freilich Gift. Für unser Ziel ist es notwendig, eine Beziehung allein auf Gefühlen aufzubauen. Da diese in der Regel so stabil sind wie Treibsand, können Sie sich sicherlich ausmalen, wohin das führen wird.

Vom Sehnen und Haben

Um noch einmal auf das Verliebtsein zurückzukommen: In einem Versuch hat man Verliebten während eines Gehirnscans ein Foto der angebeteten Person gezeigt. Daraufhin wurde in einer bestimmten Gehirnregion eine erhöhte Aktivität sichtbar. Dieselbe Aktivität wurde auch bei den Mitgliedern der Vergleichsgruppe gemessen, die öfters Kokain konsumieren. Nur dass den Freunden des Nasenschnees während des Gehirnscans nicht ein Foto eines geliebten

Menschen gezeigt wurde, sondern ein Bild mit einer Line Kokain. Cool, oder?

Wenn wir nämlich verliebt sind, ist unser Gehirn im wahrsten Sinne des Wortes berauscht, auf Droge also! Die Endorphine feiern in unserer Denkstube fröhliche Urstände. Endet eine Verliebtheit plötzlich und abrupt, so ist das in etwa mit einem Drogenentzug vergleichbar. Der Endorphinrausch bricht plötzlich zusammen und wir leiden wie der Junkie, dem der Stoff ausgegangen ist. Das nennen wir dann Liebeskummer. Die Zahl derer, die diese Leidensvariante in Anspruch nehmen, ist beachtlich. Sie ist ein stabiler Begleiter durch alle Menschengenerationen hinweg. Die meisten wählen diese Option jedoch nicht so bewusst wie Sie, werte Damen und Herren, aber das spielt auch keine Rolle – Hauptsache leiden!

Neben den Trieben, die uns die Natur hat angedeihen lassen, wie zum Beispiel dem leid- und freudespendenden Fortpflanzungstrieb, gibt es insbesondere in der westlichen Kultur das romantische Beziehungsideal. In anderen Teilen der Welt, wie etwa in Indien oder im arabischen Raum, sind arrangierte Beziehungen beziehungsweise Ehen immer noch weitgehend gängige Praxis. Unser romantisches Ideal strebt stark nach Verschmelzung. Wir, die wir in diesem Kulturkreis leben, sehen diese Beziehungshaltung als die beste und erstrebenswerteste. Romeo und Julia, die einzig wahre Liebe, *der* Seelenpartner, den es zu finden gilt, werden zum unbedingt anzustrebenden Beziehungsideal hochstilisiert.

Amüsant ist es, wenn wir einmal betrachten, wo das Ideal dieser Verschmelzung seinen Ursprung hat: Wenn ein Kind geboren wird, hat es noch kein eigenes Bewusstsein. Vielmehr ist es mit dem Bewusstsein der Mutter noch voll und ganz identifiziert. Erst allmählich bildet sich in den folgenden Jahren beim Kind ein eigenes Bewusstsein heran. Die Mutter ist in der ersten Zeit für den Säugling die Quelle allen Wohlgefühls. Da jedoch der Säugling noch kein eigenes

Bewusstsein besitzt, das zwischen Ich und Du differenzieren kann, erlebt er das eigene Wohlgefühl identisch mit der Person der Mutter. Das eigene Gefühl des Säuglings und die Person der Mutter sind für das Baby eins! Objekt und Subjekt sind aus seiner Sicht dasselbe.

Sie ahnen schon, wo das hinführt? In den romantischen Verschmelzungsbestrebungen von Verliebten tendieren diese zu solcherart infantilem Verhalten. Vielleicht, werte Leserin und werter Leser, haben ja auch Sie am Beginn einer Beziehung derartige kindliche Züge an sich oder Ihrem Partner bzw. Ihrer Partnerin wahrgenommen? Man sucht viel körperliche Nähe und ruft sich »Mausi«, »Hasi«, »Bärli« und andere Niedlichkeiten zu. Je länger die Beziehung dauert, desto größer werden dann oft die Tiere. Es sind dieselben, die besonders häufig auf unseren Tellern landen.

Verliebte Menschen können dieses Verhalten des Verschmelzens bei sich oft nicht wirklich erkennen. Sie wollen es meist auch gar nicht reflektieren, denn dann wären ja möglicherweise die ganze Illusion und der »Endorphin-Fasching« im Gehirn dahin.

Sie fragen sich nun sicherlich, wie Sie dieses Phänomen des Verschmelzens für Ihr Opus magnum eines miesen Beziehungslebens nützen könnten: Nun, wie bereits angedeutet, brauchen Sie sich nur dieser Verschmelzungssehnsucht nach der einzig wahren, megagroßen und nie enden wollenden Liebe hinzugeben. Denn Sehnen ist schließlich wichtiger als Haben, nicht wahr?

Apropos Sehnen: Hier eine kleine Geschichte aus dem Buch »Die Kuh, die weinte. Buddhistische Geschichten über den Weg zum Glück« von Ajahn Brahm, frei nacherzählt:

Ein junger Novize fuhr mit dem Abt in einem Taxi zum Kloster. Der Novize war eben erst vom Flughafen abgeholt worden. Er hatte erst vor einigen Wochen beschlossen, Mönch zu werden, nachdem seine letzte Beziehung in die Brüche gegangen war. Der Novize saß auf dem Rücksitz und der Abt beobachtete ihn über den Rückspiegel. »Denkst du an deine Exfreundin?«, fragte der Abt schließlich. Der Novize sah überrascht auf. »Ja, Meister,« antwortete der Novize, »ich vermisse sie so sehr.« Der Abt dachte eine Weile nach. »Wenn das so ist«, hob der Abt erneut an, »solltest du deiner Exfreundin schreiben und sie um etwas ganz Persönliches von ihr bitten.« Der Novize sah den Abt fragend an. »Ersuche deine Exfreundin, sie möge dir doch eine Flasche voll mit ihrem Kot schicken. Jedes Mal, wenn du wieder einmal Sehnsucht nach ihr verspürst, öffnest du die Flasche und riechst einmal kräftig daran, ja?«

Ja, Sie haben recht, absolut geschmacklos ist das, richtig ekelhaft! Aber auch ein wenig lehrreich, denn es zeigt, dass es an uns liegt, ob wir uns nach Wunschbildern sehnen oder auch die Wirklichkeit wahrnehmen (wenn natürlich nicht so drastisch, wie dieser schlimme Rat des Abtes es uns an Herz legt).

Sollten Sie, werte Leserin, werter Leser, gerade in einer Beziehung sein und Ihre Vereinigungsgefühle lassen auch nur kurz zu wünschen übrig, dann haben Sie schon wieder den falschen Seelenpartner oder die nicht stimmige Dualseele an Ihrer Seite. Hinweg mit ihm oder ihr! Es gibt doch noch unzählig viele andere potenzielle »Verschmelzungsprobanden«, wo Sie sich versuchen können! Also los, worauf warten Sie? Tiefes Leid in Beziehungen will schließlich erarbeitet werden!

Nun wollen wir Ihnen noch einen letzten vorzüglichen Rat ans Herz legen, der Ihnen, liebe Leserschaft, bei der Gestaltung einer miesen Beziehung wertvolle Dienste leisten kann:

Gehen Sie stets davon aus, dass der oder die andere das Gleiche will und braucht wie Sie!

Was wir damit meinen? Gary Chapman, ein erfahrener Paartherapeut, hat in seinem Buch »Die fünf Sprachen der Liebe« ein Konzept vorgestellt. Darin erklärt er, dass jeder Mensch in einer Beziehung einen Liebestank hat, wie er es nennt. Diesen Liebestank kann man sich jedoch nur begrenzt selbst füllen. Es sei die Aufgabe des Partners, so schreibt Chapman sinngemäß, den Liebestank des anderen zu füllen. Das muss jedoch in der jeweiligen Liebessprache des oder der anderen geschehen.

Die fünf Liebessprachen, die Chapman anführt, sind: Lob und Anerkennung, Zweisamkeit, Hilfsbereitschaft, Zärtlichkeit und Geschenke. Da, wie wir bereits oben angeregt haben, viele davon ausgehen, dass das, was man selber braucht und wünscht, auch der oder die andere wünscht, kommt es zwangsläufig immer wieder zu Frustrationen. Wenn zum Beispiel die Frau, die als eigene Liebessprache die Geschenke hat, ihrem Mann immer wieder Geschenke macht und diese von ihm auch erwartet, der Mann als eigene Liebessprache aber die Zärtlichkeit hat, die er gerne bekommen und geben würde, was wird geschehen? Der Mann wird die Geschenke, vor allem aus Ermangelung an Zärtlichkeiten, kaum sonderlich schätzen und würdigen. Das wiederum wird die Frau frustrieren, da sie immer mehr das Gefühl bekommt, es ihm nicht recht machen zu können. Aus Unkenntnis der Liebessprache des Partners werden die Liebestanks beider immer leerer und der Frustrationspegel steigt und steigt.

Unser Rat: Fragen Sie also niemals nach der Liebessprache Ihres Partners und gehen Sie einfach davon aus, dass er genauso tickt wie Sie selbst.

Sie sehen, wie einfach es ist, die Paarbeziehung mit ein paar kleinen Raffinessen in den Sand zu setzen!

Was wir daraus lernen

♦ Egal ob Sie in einer Beziehung leben oder nicht, Sie können beide (unzumutbaren) Umstände bestens dazu nützen, sich zu grämen und sie für Ihr Unglück verantwortlich zu machen.

♦ Eine Partnerschaft eignet sich hervorragend dafür, sein emotionales Drama, seinen Schmerzkörper, zu aktivieren und sich am anderen zu entzünden.

♦ Identifizieren Sie sich komplett mit Ihren Gedanken und Gefühlen. Sie *sind* Ihre Gedanken und Gefühle, was auch sonst? Reflektieren Sie niemals und versuchen Sie keinesfalls, Ihre Gedanken, Worte und Gefühle aus der Außenperspektive zu betrachten, sonst könnten Sie die Identifizierung mit Ihrer Sicht der Dinge verlieren. Sie könnten vielleicht sogar meinen, nicht *in allem* recht zu haben. Und das können Sie doch wirklich nicht wollen, nicht wahr?

♦ Ignorieren Sie die Liebessprache Ihres Partners. Geben Sie ihm, was *Sie* sich wünschen (und nicht er), und *er* wird *Ihnen* geben, was *er* sich wünscht (und nicht Sie). Ist doch nicht so schwer.

Kapitel 5

MIESER SEX LEICHT GEMACHT

Erich sitzt etwas steif auf seinem Lehnstuhl. Er fixiert den Therapeuten mit seinen graublauen Augen. Erich presst immer wieder seine Lippen aufeinander. Dabei spannen sich seine Kiefermuskeln an, was deutlich zu sehen ist. Bei genauerem Hinsehen erkennt man auch den Puls an seinen Schläfen. Erich ist 39 Jahre alt, Abteilungsleiter in einem Technikunternehmen, verheiratet und Vater von drei Kindern. Wohl etwas nervös kaut er zwischendurch an seinen Nägeln.

»Nachdem wir die Formalitäten hinter uns gebracht haben«, beginnt der Therapeut das Gespräch, »wie kann ich Ihnen helfen?«

Erich blickt etwas verlegen zu Boden. »Ich habe da ein Männerproblem und bin auf der Suche nach jemandem, der mir da helfen könnte.«

»Wie darf ich das verstehen?«, fragt der Therapeut. »Was meinen Sie mit *Männerproblem* genau?«

»Ich habe Probleme im Bett. So könnte man das sagen«, presst Erich hervor.

»Probleme welcher Art?«, insistiert der Therapeut erneut.

»Na ja, wie soll ich sagen«, murmelt Erich verlegen, »mein Penis und ich sind in letzter Zeit des Öfteren unterschiedlicher Auffassung, was Dauer und Frequenz des Sexualverkehrs betrifft.«

Der Therapeut lächelt. »Verzeihen Sie, wenn ich lächle, aber so wohlfeile Worte hat hier noch kaum jemand benutzt, um seine Beeinträchtigung des Sexuallebens zu umschreiben.«

Erich kaut auf seinen Lippen. »Ich will offen zu Ihnen sein. Ich habe in der Vergangenheit nicht wirklich viel von diesem ganzen Psychokram gehalten, wenn Sie wissen, was ich meine.«

Der Therapeut lächelt erneut. »Da sind Sie hier als Mann bei Gott nicht der erste und bei weitem nicht der einzige. Es ist mir bewusst, dass es Ihnen nicht leichtfällt, darüber zu sprechen, aber worum geht es konkret? Erektionsstörung? Vorzeitiger Samenerguss? Oder beides?«

»Beides«, antwortet Erich knapp.

»Sie haben sich urologisch untersuchen lassen?«

Erich nickt. »Alles in bester Ordnung, meint der Arzt.«

»Haben Sie abgesehen von Ihrer genitalen Dysfunktion noch andere körperliche Beschwerden?«

Erich schüttelt den Kopf. »Nein, alles andere funktioniert so, wie es funktionieren soll. Okay, vielleicht mal abgesehen von einem Tinnitus, den ich schon einige Jahre habe. Und gelegentliche Beschwerden mit den Kiefergelenken. Anscheinend knirsche ich in der Nacht so mit den Zähnen, dass die Kiefer schmerzen. Die Beißschienen helfen auch nicht, ich ruiniere sie immer wieder in kürzester Zeit.«

Der Therapeut greift zum Stift und notiert sich etwas. »Wie zufrieden waren Sie denn in der Vergangenheit mit Ihrem Sexleben? Ich meine, bevor die Probleme auftraten?«

Erich richtet sich auf. »Ich kann nicht klagen, früher hat alles reibungslos funktioniert.«

»Aha, reibungslos funktioniert«, wiederholt der Therapeut nachdenklich, »hat das Ihre Frau auch so empfunden, was meinen Sie?«

Erich presst Luft hörbar durch seine schmalen Lippen. »Sie hat wohl keinen Grund gehabt, sich zu beklagen. Zumindest was Häufigkeit und Dauer anging.«

Der Therapeut kratzt sich am Hinterkopf. »Wissen Sie, bei Ihren Schilderungen habe ich ein wenig den Eindruck, als ob Ihr Sexualleben eng verknüpft ist mit einer Art Leistungsdenken.«

Erich kneift leicht die Augen zusammen. »Sie klingen ja wie meine Frau! Fehlt nur noch, dass Sie über *Gefühle* sprechen wollen. Das fehlte noch! Machen Sie einfach, dass mein Rohr wieder ordentlich funktioniert, dann sind wir alle glücklich!«

Der Therapeut hebt fragend die Augenbrauen. »Ist das so? Soweit ich mich erinnere, haben Sie in Ihrem E-Mail, das Sie mir vorab geschickt haben, den Verdacht geäußert, dass Ihre Frau insgeheim froh wäre, dass im Bett kaum mehr etwas läuft. Und dass Sie deswegen auch keine gemeinsame Sexualtherapie machen will.«

Erich sinkt in seinen Stuhl hinein. »Na, wenn es nach ihr ginge, dann hätten wir nicht fünfmal die Woche Sex, sondern vielleicht zweimal im Jahr! Zum Hochzeitstag und zu meinem Geburtstag.«

Der Therapeut legt den Kopf ein wenig zur Seite. »Haben Sie eine Idee, warum Ihre Frau so selten Lust auf Sex mit Ihnen hat?«

Erich schüttelt resigniert den Kopf. »Ach, was weiß denn ich! Ich arbeite hart und viel, damit wir uns den Lebensstandard leisten können, den wir haben. Da hab ich echt null Bock darauf, auch noch im Schlafzimmer den Psychologen abzugeben!«

Der Therapeut nickt. »Ja, das kann ich verstehen. Trotzdem drängt sich mir die Frage auf, wie Sie sich wohl fühlen beim Sex mit Ihrer Frau, die, so wie Sie es schildern, in Summe null Bock hat, mit Ihnen zu schlafen?«

Erich senkt den Kopf. »Frustriert«, murmelt er. »Ich kann es ihr ja ohnehin nicht recht machen.«

Was Erich kann, das können auch Sie, werte Herren Leser. Und natürlich vergessen wir auch nicht auf Sie, werte Leserinnen, Ihre Lust auf Wissen, wie sich die lästige Beischlaf-Lust besiegen lässt, wird hier garantiert befriedigt.

In diesem Kapitel wollen wir uns einem Thema widmen, das, wie Sie sicherlich schon ahnen, eine Unmenge an miesen und leidvollen Lebenserfahrungen bereithalten kann. Gerade in unserer Zeit herrscht um das Thema Sexualität ein sagenhafter Hype. War es in früheren Zeiten undenkbar, dass für Bordelle in aller Öffentlichkeit Werbung betrieben wurde, so lachen mittlerweile von nicht wenigen Plakatwänden spärlich bekleidete Mädchen. Mit lasziven Blicken und Verrenkungen suggerieren diese Bilder der meist männlichen Kundschaft orgiastische und heißblütige Erfahrungen in den beworbenen Etablissements. Der Jahresumsatz in deutschen Bordellen bewegt sich jährlich bei 14 bis 15 Milliarden Euro. Ein stolzes Sümmchen, wie wir meinen.

Da fragt man sich dann doch, warum denn in unserer sexuell so aufgeschlossenen Gesellschaft, in der es scheinbar kaum noch Tabus gibt – weder im Schlafzimmer noch im Swingerclub oder auf der Gasthaustoilette –, so viel Geld ins Bordell getragen wird. In letzter Konsequenz ist Geld ja auch ein Symbol für Lebensenergie. Jetzt mal davon abgesehen, dass kaum wo so viel gelogen wird wie bei Umfragen über das Sexualverhalten, scheint die Zufriedenheit der Menschen, die in einer mehr oder weniger festen Beziehung sind, doch nicht allzu hoch zu sein. Zumindest nicht die Zufriedenheit der Männer, könnte man meinen.

Und, wie war ich?

Wir fragen uns: Was sind die Quellen sexueller Unzufriedenheit? Denn wenn wir uns diese bewusst machen und an ihnen arbeiten, dann haben wir wieder eine Möglichkeit mehr gefunden, uns so richtig mies zu fühlen.

Wenden wir uns doch dem oben skizzierten Fallbeispiel zu: Wir denken, werte Leserschaft, es ist auch für Sie ein Leichtes zu erkennen, was Erich im Sinne unseres Opus magnum alles richtig macht. Ihr Einwand, dass Erich mit seiner sexuellen Funktionsstörung Ihnen gegenüber im Vorteil ist, können wir nicht so ohne Weiteres vom Tisch wischen, aber Geduld! Der von uns beschriebene Typus namens Erich stellt, wie wir meinen, recht schön diverse Grundhaltungen dar, die für ein mieses Sexualleben inklusive Entstehung möglicher sexueller Funktionsstörungen von großer Bedeutung sein können.

Da wäre – man könnte fast sagen ein Must-have für miesen Sex – das Leistungs- und Kontrollverhalten, das bei Erich so schön sichtbar und spürbar wird. Ein Klassiker, nicht wahr? Oder haben Sie schon einmal gehört, dass eine Frau nach dem Sex fragen würde: »Und, wie war ich?« Wohl eher nicht. Ebenso wenig wie eine Frau auf die Idee käme, die Größe ihres Genitals mit der anderer Frauen zu vergleichen. Der Vollständigkeit halber müssen wir hier aber doch festhalten, dass die Zahl der Frauen, die ihre Klitoris »chirurgisch verschönern« lassen, sukzessive steigt. Tja, auch manche Frauen wissen zu leiden.

Doch zurück zu Erich: Wichtige Ingredienz für das Entstehen sexueller Funktionsstörungen bei Männern ist neben dem Vergleichen eine starke Identifikation mit Leistungs- und Lösungsorientiertheit. So wie Erich identifizieren sich viele Männer, bei denen sich eine Erektionsstörung entwickelt, über ihre Leistung. Wir sprechen hier nicht von Erektionsstörungen, die organisch bedingt sind, wie Gefäßverengungen im Beckenbereich, die unter anderem durch Diabetes entstehen können, sondern von jenen, die durch gewisse Lebenshaltungen hervorgerufen werden (Die Bedeutsamkeit für ein leidvolles Leben mithilfe von Ernährung und Bewegung, die für die Entstehung von Diabetes relevant sind, haben wir ja bereits oben erörtert.). Männer, die maximale Leistung in ihrem Arbeitsalltag erbringen und sich darüber definieren, haben diese Haltung häufig auch zu Hause bei der Partnerin. Dass solch eine Grundhaltung eine hohe Dauerspannung im Körper mit sich bringt, haben Sie, geschätzte Leserschaft, natürlich sofort erkannt. Über kurz oder lang ruft eine solche Dauerspannung natürlich diverse Symptome hervor. Sehr beliebt sind, wie auch bei Erich ersichtlich, Tinnitus, Zähneknirschen, Bandscheibenprobleme oder auch muskuläre Verspannungen jeglicher Art. Gerade der Tinnitus wird von uns Autoren oft liebevoll als das »Kelomat-Syndrom« bezeichnet. Wenn der Druck (Spannung und Druck werden hier gleichbedeutend verstanden) zu viel wird – dann pfeift es! Um mit diesem Bild zu sprechen: Kommt jemand zusätzlich auf die geistreiche Idee, das Ventil des Kelomats zuzuschrauben, also den Druck nicht wahrhaben zu wollen, dann gibt es nach einer bestimmten Zeit eine tüchtige Explosion, was auf körperlicher Ebene etwa einen Schlaganfall, Herzinfarkt oder Ähnliches zur Folge haben kann. Jetzt sind Sie überrascht, oder? Was es nicht alles gibt, um leidvolle Erfahrungen zu schaffen!

Rien ne va plus in der Hose

Ein weiteres schönes Bild für Erektionsstörungen ist für uns Autoren das Bild vom FI-Schutzschalter, dem Überspannungsschutz bei einem Stromkreis. Wenn die Spannung im Stromkreis zu hoch ist, fällt der Schalter. Nicht selten kann auch das Ausbleiben einer Erektion als eine Art Überspannungsschutz verstanden werden. Der Körper versucht hier dem Mann, der unter Dauerspannung steht, zu vermitteln: »Du musst jetzt gar nix mehr.« Das wiederum setzt, aus Ermangelung alternativer Lebenseinstellungen, den »Leistungsmann« noch mehr unter Druck. Schließlich ist er es gewohnt, wie sonst überall auch, seine Leistung zu erbringen. Wer wäre er denn ohne Leistung und wie würde er vor seiner Frau dastehen, wenn er ihr nicht wie gewohnt drei Orgasmen besorgen würde? Und das fünfmal die Woche?

Hui, solche Bilder können den »Leistungsmann« an den Rand einer Panikattacke bringen! Ein Schlappschwanz! Um sich das Gegenteil zu beweisen, wird bei manchem da gleich neben dem »Sexpensum« zu Hause ein Bordellbesuch draufgesetzt. Und die Spannung steigt und steigt. Wie es Erich so schön formuliert hat, soll ja nur das »Rohr« schön funktionieren und alles ist gut. Für das Erschaffen von Leidenszuständen ist es auf jeden Fall gut. Da der Körper grundsätzlich auf Homöostase, also Ausgleich, ausgerichtet ist, versucht er, diese Überspannung zu regulieren, und das kann dann dazu führen, dass es heißt: Rien ne va plus in der Hose. Und was macht dann so mancher Mann, geistreich wie er ist, um solche Überspannungen zu überbrücken? Sehr richtig, er greift zu einer blauen Pille.

Das ist in etwa so, als würde man eine durchgeschmorte Sicherung mit einem Kupferdraht überbrücken. Das Ergebnis, wenn die Ursache der Überspannung nicht beseitigt wurde, ist dann bisweilen ein Kabelbrand. Im schlimmsten Fall brennt das ganze Haus nieder. Ein Äquivalent eines solchen Kabelbrandes wäre für den Körper zum Beispiel ein Herzinfarkt. Etwas, was bekanntlich bei der Einnahme dieser Pillen schon mal vorkommen kann.

Na, liebe Leserschaft, haben wir Ihnen zu viel versprochen? Ist es nicht erstaunlich, dass man selbst mit so etwas Aufregendem und Schönem wie Sexualität, die ja grundsätzlich Spaß und Freude machen könnte, solch intensive Leidenszustände generieren kann?

Die Waffen der Frauen

Nun haben wir einige Inputs aufgezeigt, was Männer tun können, um ihre Sexualität zu vermiesen, beziehungsweise wie sie durch diesen Aspekt ihres Lebens leidvolle und gesundheitsschädliche Erfahrungen generieren können. Doch was kann Frau diesbezüglich tun? Es wäre schließlich unfair, wenn die Erschaffung von Leidenszuständen in puncto Sexualität nur den Männern überlassen bliebe. Wo kämen wir denn da hin in Sachen Gleichberechtigung?

In dem vorzüglichen Buch »Warum Männer immer Sex wollen und Frauen von der Liebe träumen« von Allan und Barbara Pease[4] listen die Autoren die wichtigsten Bedingungen auf, die erfüllt sein müssen, damit Frau Lust auf Sex bekommt:

- Sie will vom Mann das Gefühl vermittelt bekommen, attraktiv und besonders zu sein.
- Sie braucht das Gefühl des Geliebt- und Beschütztseins.

- Die Frau will verwöhnt werden.
- Es braucht ein gutes Maß an Zärtlichkeiten.
- Sie möchte über Gefühle sprechen.

Vergleichen wir jetzt einmal diese Liste mit den wichtigsten Wünschen der Männer:
- Die Frau soll viel öfter »wollen«.
- Sie soll häufig spontanen Sex haben wollen.
- Die Frau möchte doch bitte öfter den Anfang machen und kreativer sein.
- Sie möge ihm aufgrund seiner sexuellen Wünsche keine Schuldgefühle einreden.
- Die Frau muss verstehen, dass für ihn visuelle Signale ganz wichtig sind, wie zum Beispiel sexy Kleider oder Dessous.

Jaja, Sie sehen richtig, geschätzte Leserschaft! Es ist wirklich so einfach! Schon beeindruckend, dass die Wertigkeiten und Wichtigkeiten, was das Entstehen und das Erleben von gutem Sex angeht, zwischen Mann und Frau kaum unterschiedlicher sein könnten. Allein diese Divergenz ist doch ein wahrer Wunschbrunnen für alle nur möglichen Leidenserfahrungen im Sinne unseres Projekts! Sicherlich erkennen Sie bereits, worauf das hinausläuft. Wie wir schon im Kapitel bezüglich einer miesen Beziehung recht trefflich resümiert haben, ist es auch für das Erleben von miesem (und in weiterer Folge wahrscheinlich gar keinem) Sex von elementarer Wichtigkeit, dass Sie stets Ihre Bedürfnisse auch Ihrem Partner aufoktroyieren.

Konkret heißt das für Sie, werte Damen: Stellen Sie die Liebe Ihres Partners immer wieder infrage! Stellen Sie sich einfach vor, Ihr Partner sei genauso kritisch und nörglerisch Ihrem Körper gegenüber wie Sie selbst! Das schaffen Sie doch mit links, nicht wahr? Gegen Ihre eigene Grundüberzeugung, dass Sie zu dick oder zu dünn sind, splissiges Haar haben, Dellen an den Oberschenkeln und vieles Schöne mehr, hat Ihr Partner ohnehin keine Chance, egal wie oft er Ihnen beteuert, dass das für ihn alles keine Rolle spielt. Über kurz oder lang, wenn Sie Ihrem Partner nur lange genug Ihr eigenes, negatives Selbstbild unter die Nase reiben und ihn immer wieder verdächtigen, dass er Sie auch so sieht, ist das die beste Empfängnisverhütung, die Sie anwenden können. Dann vergeht jedem Mann die Lust.

Bonustipp an die weiblichen Leser: Knüpfen Sie Ihre Bereitschaft für Sex möglichst oft an Bedingungen! Es kann Ihnen zwar passieren, dass Ihr Mann dieses Spiel eine Zeit lang mitspielt, insbesondere wenn er recht leistungs- und lösungsorientiert ist, aber eben nur eine Zeit lang. Machen Sie doch die Sache mit dem Sex zu einem Geschäft zu Ihren Gunsten! Nicht, dass dies ohnehin nicht bei den meisten Mittel- und Langzeitbeziehungen der Fall wäre. Sex *ist* in vielen Beziehungen ein Geschäft. »Du gibst mir das, ich gebe dir jenes.« »Du fährst mit mir zu meiner Mutter, nachher verwöhne ich dich.« Oder: »Zuvor gehört noch die Hecke gestutzt, dann bin ich gleich entspannter …« Natürlich wird dies nur in den seltensten Fällen so klar ausgesprochen, aber letzten Endes läuft es darauf hinaus. *Viele nennen dieses Geben und Nehmen dann: Liebe.*

Wenn Sie, liebe Leserinnen, diese Option möglichst lange nützen und pflegen wollen, müssen Sie allerdings das Spiel subtil praktizieren. Ansonsten könnte Ihr Partner irgendwann ähnlich reagieren wie der vierte Mann in folgender Geschichte, die wir aus dem bereits erwähnten Buch von Allen und Barbara Pease frei nacherzählen:

Vier Männer gehen zum Angeln und sitzen eine ganze Weile schweigend am Fluss und … richtig, sie angeln. Allmählich bricht einer nach dem anderen das Schweigen und beklagt sich darüber, was er alles tun und versprechen hat müssen, um überhaupt angeln gehen zu dürfen. Der erste musste versprechen, das Zimmer zu tapezieren, der zweite verpflichtete sich, Gartenarbeiten zu erledigen, und der dritte, die Küche zu reparieren. Erst allmählich bemerken die drei Männer, dass ihr vierter Kumpel lächelnd schweigt und in die Ferne schaut. Als die drei beklagenswerten Männer ihn darauf ansprechen, was er denn für seine Frau tun oder versprechen hat müssen, meint dieser nur: Ich habe heute früh nach dem Aufwachen meine Frau umarmt und gefragt: Angeln oder Sex? Sie sagte nur: »Es ist kühl draußen – vergiss die Jacke nicht.«

Wir Autoren sind überzeugt davon, dass es in jedem Bordell deutlich wahrhaftiger zugeht als in vielen Beziehungen. Ein Grund mehr wahrscheinlich, warum sich viele Männer dort recht wohlfühlen. Der Preis für Sex wird gleich zu Beginn ausgehandelt, also herrschen klare Verhältnisse, genauso, wie Mann es mag. Für einen Fünfziger extra lässt sich so manche Prostituierte zudem vielleicht überreden, recht überzeugend zu schauspielern, als würde es ihr Spaß machen und sie den Mann großartig finden.

Darum, Tipp Nummer drei, liebe Leserinnen: Bleiben Sie vage! Knüpfen Sie möglichst viele Anforderungen, Bedingungen und vor allem Stimmungen an den Sex! Frei nach dem Motto: Wenn du mich wirklich liebst, dann wirst du doch dies und jenes tun, unterlassen und überhaupt. Im Sinne unseres Leitmottos eines miesen Lebens muss es auch für Sie heißen: Liebe ist ein Geschäft auf Gegenseitigkeit. Wo kämen wir denn da hin, wenn wir stattdessen wie in der Bibel sagen würden: »Denn der Liebe ist die Liebe genug«, und Liebe demnach als Seinszustand betrachten wollten? Da wäre doch ganz schnell die tiefgründige Erfahrung eines leidvollen Lebens dahin!

Was wir daraus lernen

- Werte Herren: Sex ist wie Sport. Und dort wollen Sie doch auch gewinnen? Also, immer schön ran an die Sache und Gas geben! Immerhin ist es kein Geheimnis, dass eine Frau unter drei Orgasmen nicht wirklich zufrieden sein kann – schon gar nicht mit Ihnen.

- Werte Damen: Männer betteln wirklich gerne um Sex. Wie ein Hündchen nach dem Knochen sabbert, wird auch Ihr Göttergatte treuherzige Augen machen, wenn Sie Ihn nur lange genug zappeln lassen, und Ihnen alles versprechen, was Sie nur hören mögen.

- Sex ist ein Tauschgeschäft. Zuerst wird der Rasen gemäht und erst dann das Feld (der Liebe) beackert.

Kapitel 6

EMOTIONEN? LASS SIE BLOSS NICHT RAUS!

Petra streicht ihren grauen Rollkragenpullover glatt und setzt sich. An den Schläfen ihrer braunen Kurzhaarfrisur schimmern erste graue Haare. Petra ist 38 Jahre alt, alleinstehend, hat keine Kinder. Sie kommt seit ein paar Wochen zur Therapie, weil sie trotz Psychopharmaka vom Hausarzt kaum Schlaf findet. Außerdem leidet sie zunehmend an medizinisch nicht erklärbarem Juckreiz, spontan auftretenden roten Flecken an Hals und Gesicht sowie an Luftschlucken, was des Öfteren zu einem schmerzhaften Blähbauch führt. Petra macht sich Notizen und kratzt dabei geistesabwesend ihren linken Oberschenkel. Der Therapeut wartet, bis sein Gegenüber mit dem Schreiben fertig ist.

»Das ist wieder sehr interessant, was Sie gesagt haben«, hebt Petra schließlich mit verhaltener Stimme an, nachdem sie den Stift zur Seite gelegt hat. »Ich suche anhand Ihrer Hinweise in den Buchhandlungen immer nach adäquater Literatur. Das ist gar nicht so einfach.«

Der Therapeut nickt. »Wie viele Bücher, sagten Sie letztes Mal, hat Ihre Büchersammlung mittlerweile?«

Petra lächelt leicht. »An die 2500 Bände.«

»Sie verbringen also sehr viel Zeit mit Lesen«, stellt der Therapeut fest. Petra kratzt sich am Hals und nickt. Der Mundgeruch, der heute wieder von ihr ausgeht, nimmt dem Therapeuten fast den Atem.

»Möchten Sie mir erzählen, wie Sie Ihre Kindheit erlebt haben?«

Petras Augen wirken müde. »Tja, was soll ich sagen, Mutter Lehrerin, Vater Buchhalter. Mutter litt viele Jahre an Migräne, das heißt, die ganze Wohnung war oft tagelang völlig abgedunkelt und ich musste stets leise sein.«

Der Therapeut macht sich Notizen. »Da gab es wahrscheinlich nicht allzu viele Freundinnen, die zum Spielen kommen durften, richtig?«

Wieder ein leiser Anflug eines Lächelns in Petras Gesicht. »Natürlich nicht, das wäre undenkbar gewesen. Sonst hätten wir am Ende ja noch die ganze Elfensammlung meiner Mutter durcheinandergebracht, Gott behüte! Na ja, das ist halt ihr Hobby. Wo sie doch sonst nichts hat.«

»Wie meinen Sie das«, fragt der Therapeut, »leben Ihre Eltern getrennt?«

Petra schüttelt den Kopf. »Nein, nein, aber die beiden leben halt schon viele Jahre mehr oder weniger nebeneinanderher.«

»Hat Ihre Mutter immer noch Migräneattacken?«

Wieder schüttelt Petra leicht den Kopf. »Nein, seit sie im Wechsel ist, sind die Schübe weitgehend abgeklungen.«

»Und Ihr Vater«, will der Therapeut wissen, »hat der sich nicht um Sie gekümmert, wenn die Mutter ausfiel?«

Petra beginnt sich an beiden Oberschenkeln gleichzeitig zu kratzen. »Papi war immer mit seiner Arbeit eingedeckt.« Schweigen.

»Wie haben Sie denn Ihre Kindheit empfunden?«, versucht es der Therapeut erneut.

Petra zuckt mit den Achseln. »Ganz okay, denke ich.« Wieder Schweigen.

»Wie würden Sie denn heute rückblickend die Beziehung Ihrer Eltern beschreiben?«

Petra hustet mehrfach. Einige rote Flecken erscheinen auf ihren Wangen. »Nun, wie gesagt, Mutter war oft krank. Und Vater, der hat sich die Zuwendung anderswo geholt. Sie wissen sicher, was ich meine.«

»Ihr Vater hatte außereheliche Beziehungen?«

Wieder zuckt Petra mit den Achseln. »Ich kann es verstehen, wo er doch so frustriert war, neben Mutter.«

Der Therapeut zieht die Augenbrauen hoch. »Wissen Sie, Petra, ich habe den Eindruck, dass Sie bei anderen leichter Emotionen wahrnehmen können als bei sich selbst. Kann das sein?«

Petra wiegt den Kopf leicht hin und her. »Ich denke, es war einfach eine schwierige Zeit damals, für Papi.«

Der Therapeut nickt. »Sicher war es nicht einfach neben Ihrer Mutter. Ich habe da ein Bild vor mir, wo Sie als kleines Mädchen in einer abgedunkelten Wohnung sind, die für mich fast wie ein Mausoleum wirkt, währenddessen sich Ihr Vater mit anderen Frauen vergnügt. Was empfinden Sie für dieses Mädchen?«

Petra hustet mehrfach und presst ihre Fäuste zusammen. »Ich glaube, ich habe mir eine Erkältung eingefangen. Meine Abwehrkräfte waren schon einmal besser. Und das ganze Zeug, das mir der Apotheker angedreht hat, taugt nichts. Ganz zu schweigen von den ganzen Cremen für meine Flecken im Gesicht. Aber was soll man da schon machen, es bringt nichts, sich darüber aufzuregen.«

Der Therapeut richtet sich auf. »Kann es sein, dass Sie meiner Frage ausweichen?«

Petra kratzt sich am Halsansatz. »Verzeihung, wie war noch mal die Frage?«

Der Therapeut atmet tief und hörbar durch. »Meine Frage an Sie war, was Sie für die kleine Petra empfinden, die so verlassen in diesem elterlichen Mausoleum sitzt?«

Die Klientin mustert die Zimmerdecke. »Ach wissen Sie«, antwortet sie schließlich, »ich glaube, anderen Kindern ist es sicher viel schlimmer ergangen. Daniela, ein Mädchen aus der Nachbarschaft, ist während meiner Volksschulzeit regelmäßig mit blauen Flecken in die Schule gekommen, weil ihr Vater sie im Rausch verprügelt hat. Im Vergleich dazu war meine Kindheit geradezu eine Sommerfrische.«

Der Therapeut macht sich erneut Notizen. »Sie leben jetzt bereits seit zwölf Jahren nach Beendigung Ihrer letzten Beziehung alleine. Möchten Sie wieder eine Beziehung? Oder leben Sie gern alleine?«

Petra überlegt. »Es ist ganz okay, ich mit mir in meinem kleinen Reich, umgeben von meinen Büchern. Meine Bücher sind fast so etwas wie Kinder für mich. Und das lästige Abwimmeln, wenn der Mann schon wieder Sex will, bleibt mir auch erspart. Männer sind ja wirklich arme Wesen, so wie die von den Hormonen beherrscht werden. Nein, da bin ich dann doch lieber alleine. Abgesehen davon besuche ich dreimal die Woche Mutter und Papi. Wo sie doch sonst niemanden haben. Seit sie in Pension sind, kommen sie ja kaum mehr aus der Wohnung.«

Den Gefühlen ausgeliefert

Verlassen wir hier die Therapiesitzung. Gemäß unserem Motto, miese und leidvolle Erfahrungen machen zu wollen, stellt sich die Frage, wie wir diesbezüglich Emotionen bestmöglich nutzen können.

Hierzu ist es wichtig, zu Beginn etwas Grundlagenarbeit zu leisten: Man kann Emotion vom Lateinischen »emotio« herleiten, was so viel wie »Fortbewegen« oder »Rausschaffen« bedeutet. Das Englische »e-motion« bedeutet »Energie in Bewegung«. Dass Emotionen den inneren Frieden intensiv und dauerhaft stören und zerstören können, ist Ihnen, liebe Leserin und lieber Leser, sicherlich aus eigener Erfahrung nur allzu gut bekannt. Wenden wir uns dem englischen Wort zu, der »e-motion«. Emotionen sind also Energie in Bewegung. Wie oben bereits ausgeführt, sind viele Emotionen eine Art Echo von Gedanken. Wir erinnern uns: Wenn wir zu Ihnen sagen: »Oh, was haben Sie für eine schöne Jacke an, sehr geschmackvoll!«, dann wird unsere Aussage, im Sinne eines gesprochenen Gedankens, ein emotionales Echo hervorrufen. Sie werden sich geschmeichelt fühlen und sich mit dieser positiven Emotion identifizieren. Wenn wir anschließend sagen: »Aber Ihre Schuhe, wie hässlich! Die passen ja überhaupt nicht zur Jacke! Was haben Sie sich denn dabei nur gedacht?«, dann wird auch dieser ausgesprochene Gedanke bei Ihnen eine Emotion hervorrufen, natürlich eine negative. Da Sie es gewohnt sind, sich jederzeit mit Ihren Emotionen zu identifizieren, fühlen Sie sich dann schlecht.

Sie sehen also, wir können Sie mit positiven und negativen Emotionen permanent an der Nase herumführen. Es ist uns natürlich bewusst, dass das eben Ausgeführte etwas vom ursprünglichen Thema abschweift, nämlich Emotionen am besten ganz zu verdrängen. Da aber die Handhabung und der Umgang mit Emotionen für die Entstehung eines miesen Lebens von geradezu existenzieller Wichtigkeit sind, wollen wir trotzdem noch einmal darauf eingehen. So wollen wir das vorhin Angeführte noch mit der in eigenen Worten erzählten Geschichte »Buddha und der zornige Mann«[5] verdeutlichen:

Einst weilte Buddha in einem Dorf. Voller Freude, ihn zu sehen, hörten die Menschen seinen Ausführungen und Reden zu. Ein junger Mann jedoch echauffierte sich heftig gegen den Buddha, da er überzeugt war, dass er ein falscher Meister sei, ein Blender und Täuscher. Als der Buddha sprach, erhob sich der Mann und begann wütend zu schreien. Buddha sprach ungerührt weiter und beachtete den Mann nicht. Dadurch wurde der junge Mann noch wütender. Er sprang auf, stellte sich vor Buddha und rief: »Wer gibt dir das Recht, uns zu belehren? Du bist ein Dummkopf und ein Schwindler! Hör auf, uns zu täuschen!« Die Menschen versuchten den jungen Mann zu überwältigen. Doch Buddha rief: »Man muss nicht immer Aggression mit Aggression beantworten.« Dann wandte er sich an den wütenden Mann und fragte: »Wenn du jemandem ein Geschenk kaufst und diese Person es nicht annimmt, wem gehört dann dieses Geschenk?« Überrascht ob dieser seltsamen Frage antwortete der junge Mann: »Es gehört mir, denn schließlich habe ich es gekauft.« Der Buddha nickte und sagte: »So ist es. Ebenso verhält es sich mit deinem Zorn. Bist du wütend auf mich und ich fühle mich nicht beleidigt, so fällt diese Wut auf dich zurück. Du bist dann der, der unglücklich wird, ich aber nicht. Du hast dich nur selbst verletzt.«

Zornig zu sein ist, wie glühende Kohlen auf jemanden werfen zu wollen. Der, den man am meisten verletzt, ist man selbst.

Natürlich ist Ihnen, werte Leserschaft, sofort klar, dass Buddhas Umgang mit Emotionen für unser Opus magnum völlig kontraproduktiv wäre und daher tunlichst vermieden werden muss. Unser Rat: Bleiben Sie unbedingt weiterhin völlig identifiziert mit jedem Ihrer Gefühle, dadurch beherzigen Sie eine zentrale Grundregel für den Erwerb von Unfrieden und Abhängigkeiten aller Art. Sie fühlen sich unattraktiv? Wunderbar, bleiben Sie dabei! Sie sind zornig, weil Ihr Partner im Bett mal wieder »Kopfschmerzen« hat? Sehr schön! Nur weiter so. Kosten Sie Ihre »emotionale Wahrheit« voll und ganz aus!

Gefühle und Flatulenzen immer unterdrücken!

Doch nun wollen wir uns der eigentlichen Frage, die Ihnen bereits sicherlich unter den Nägeln brennt, zuwenden, nämlich, wie wir das Verdrängen und Vermeiden von Emotionen für unser gemeinsames Projekt verwenden können. Emotionen haben die Tendenz, sicht- oder hörbar werden zu wollen. Ob nun in Form von sprachlichem Ausdruck, Kraftausdrücken, in körperlicher Form wie Gewalt, Tanzen oder anderer Bewegungsformen, durch Musizieren oder eben auch nur, indem man sich selbst eine Geschichte im Kopf erzählt.

Emotionen brauchen also Ausdruck. Finden sie keine Ventile oder – noch besser – verdrängt man sie, so bleibt der Druck in uns. Jaja, werden Sie einwenden, aber entspricht das nicht genau dem, was gerade eben dargelegt wurde, nämlich permanent »in seinen Emotionen zu sein«? Nun, nicht wirklich. Um erneut Buddha zu zitieren: »Lass die Gefühle kommen – und lass sie auch wieder gehen.« Das ist eine der Botschaften, die heutzutage auch Glücksphilosophen aller Art postulieren.

Und wieder haben Sie recht, wenn Sie einwenden, dass solcherlei Gedanken für unser Projekt alles andere als förderlich sind. Verzeihen Sie, wir haben uns hinreißen lassen. Es ist eben noch kein Meister vom Himmel gefallen.

Also, wieder zurück zur Unterdrückung bzw. Verdrängung unserer Emotionen: Wir, die Autoren, sind überzeugt, dass mehr als die Hälfte aller Depressionen hauptsächlich durch einen Mangel von emotionalen Ventilen hervorgerufen oder zumindest mitverursacht wird. Wenn man ein Bild verwenden möchte für gestaute Emotionen, so könnte man sich diese wie eine Art Gas vorstellen, das sich im Körper ansammelt. Stellen Sie sich einmal vor, Sie sitzen in einer Meditationsrunde und haben heftige Blähungen. Wie tief werden Ihre meditativen Erfahrungen wohl sein? Hm? Wohl nicht allzu tief, nehmen wir mal an. Ihr Bauchdrücken und die Angst, es könnte Ihnen womöglich hör- oder riechbar ein Darmwind entschlüpfen, wird Sie voll und ganz in Beschlag nehmen, nicht wahr? Dabei müssten Sie ja nur auf die Toilette oder ins Freie gehen und im wahrsten Sinne des Wortes Dampf ablassen! Aber was würden denn die anderen denken, wenn Sie die Stille der Meditation stören würden, wie würde das bloß aussehen? Solche Gedanken würden Ihnen durch den Kopf geistern.

So ähnlich verhält es sich auch mit gestauten Emotionen. Der hier in diesem Werk bereits erwähnte Eckhard Tolle schildert dies schön anschaulich in seinem Buch »Jetzt! Die Kraft der Gegenwart«.[6] Wenn zwei Enten in einem Teich aneinandergeraten und kämpfen, wird eine Zeit lang heftig gerangelt. Irgendwann schwimmen die beiden Enten auseinander. Nachdem sich die Wogen geglättet haben, schlagen die Enten noch ein paarmal mit den Flügeln. Sie schütteln dadurch die angestauten Emotionen ab. Eine Technik, die der Guru Osho in sein Meditationsprogramm aufgenommen hat. Wären wir Menschen anstelle dieser Enten, würden wir uns wohl anders verhalten: Nach geschlagenem Kampf würden wir davonschwimmen und lange würden uns die wildesten und emotionsgeladensten Geschichten im Kopf herumgehen oder wir würden anderen aufgebracht davon erzählen: »Nie wieder rede ich mit dem! So ein Scheusal! Was der mir angetan hat!« Und so weiter und so fort.

Was lernen wir daraus, im Sinne eines miesen Lebens? Behalten Sie, werte Leserschaft, Ihre Emotionen schön in sich! Nicht abschütteln! Sie mögen einwenden, dass Sie leider nicht ständig jemand ärgert, und wie, bitte schön, sollen Sie da Emotionen generieren, die sie bei sich behalten können? Herrschaften, wer wird denn ständig andere brauchen, um sich zu grämen? Sie haben es doch selbst in der Hand, sich schön mies zu fühlen. Sie haben doch sicherlich ein ganzes Arsenal an Erinnerungen gespeichert, die Sie abrufen können. Doch zu diesem mentalen Gustostückerl kommen wir später noch, nur Geduld, ein ganzes Kapitel mit diesen Raffinessen wartet auf Sie.

Wenden wir uns nochmals der oben beschriebenen Fallgeschichte von Petra zu, dem ehemaligen Kind im elterlichen Mausoleum: Sicherlich ist es für Sie, liebe Leserin und lieber Leser, ein Leichtes zu erkennen, was Petra alles richtig macht, im Sinne eines miesen Lebens – wenn auch unbewusst. Ja, es stimmt natürlich, wenn Sie an dieser Stelle einwenden, dass Petra durch ihre beziehungsarme Kindheit Ihnen gegenüber im Vorteil ist. Dem können wir nicht wirklich widersprechen, aber dennoch, lassen Sie den Mut nicht sinken! Mit einem guten Maß an Übung, im Sinne eines völlig »verkopften« Lebens, können auch Sie mehr und mehr die Erfahrung gewinnen, ein Leben zu führen, in dem Sie kaum mehr etwas empfinden. Stattdessen werden sich Ihre Gefühle immer häufiger in Form von Körpersymptomen ausdrücken, wie wir es bei Petra schön beobachten konnten.

Vor Jahren wurde der Film »Tanz der Vampire« als Musical inszeniert. In diesem Stück will ein gewisser Professor Abronsius einen Vampir fangen und diesen der Wissenschaft präsentieren. Damit hofft er, den Nobelpreis erlangen zu können. Sehr schön werden in diesem Stück zwei völlig gegensätzliche Polaritäten dargestellt. Während der Vampir »Von Krolock« für die zügellose Emotionalität steht, so verkörpert Professor Abronsius das ausschließlich rationale Bewusstsein. So sagt Professor Anbronsius über sich selbst, dass er voll und ganz auf seine messerscharfe Rationalität vertraut, die ausschließlich faktenbasiert ist, und er stets nach Wahrheit und Klarheit sucht. Sein zentraler Glaube ist der an die Vernunft, die letzten Endes triumphieren wird. Niemand könne ihn provozieren, da er jegliche Emotion verabscheut.

Das Stück endet damit, dass der Professor durch seine völlige Einseitigkeit und emotionale Unbewusstheit den Vampirismus in die ganze Welt verbreitet.

Was heißt das für unser Projekt eines miesen, leidvollen Lebens? Ignorieren, verdrängen und vermeiden Sie Emotionen, so gut es nur geht!

Carl Gustav Jung schrieb einmal, dass alles, was unbewusst ist, uns in der Projektion wiederbegegnet. So wie Petra ihren unbewusst aufkeimenden Zorn auf ihren Vater beispielsweise auf den Apotheker projizierte.

Vielleicht kann eine Begebenheit, die sich vor einigen Jahren folgendermaßen zugetragen haben soll, Ihr Verständnis der Materie noch weiter erhellen. Wir wollen schließlich, dass Sie bei der Thematik Emotionsvermeidung ein Maximum an existenziellen Leidenserfahrungen für sich herausholen können:

Es begab sich, dass sich vor einigen Jahren ein pensionierter Fotograf dazu berufen fühlte, mit all seinen Kräften die Pornografie zu bekämpfen. Er verkehrte zumeist in christlich-konservativen Kreisen. Im Kampf gegen »das Böse« fuhr er zum Beispiel mit Jauchekübeln bestückt zu Bordellen, Peep-Shows und anderen gut gefüllten Sündenpfühlen und schüttete dort die Jauche aus. Diverse Gerichtsverfahren waren die Folge, konnten seiner Sicht der Dinge aber natürlich nicht das Geringste anhaben. Eines Tages kam ein Journalist zu ihm nach Hause, um ihn zu interviewen. Der Mann führte den Journalisten in sein Arbeitszimmer. Dieses Zimmer war rammelvoll mit Pornoheften. Auf die Frage des Journalisten, warum er denn so viele Pornohefte habe, antwortete der fromme Mann sinngemäß, dass man seinen Widersacher ausgiebig studieren und kennen müsse.

Es ist natürlich für Sie, geschätzte Leserschaft, ein Leichtes, die völlige Unbewusstheit dieses Mannes bezüglich seiner eigenen Triebhaftigkeit zu erkennen. Daran können Sie sich orientieren! Jegliche emotionale Regung lässt sich mit einem moralischen, theologischen oder juristischen Ge- oder Verbot mit der Zeit ersticken! Dann gären die verdrängten Emotionen in Ihnen vor sich hin. Seien Sie frohen Mutes! Mit etwas Übung schaffen Sie das mit links. Sie werden sehen, die Antwort des Körpers wird nicht lange auf sich warten lassen.

Oder aber Sie projizieren diese verdrängten Emotionen auf Teufel komm raus auf Ihre Mitmenschen und bekämpfen sie dort auf das Heftigste. Auch dies kann ein Quell unerschöpflichen Leidens für Sie werden. Wie heißt es doch so schön: Wenn du ein Märtyrer werden willst – dann heirate einen Heiligen!

Abschließend möchten wir Ihnen, wertes Publikum, noch einen Auszug aus Goethes »Faust« mit auf den Weg geben. Der große Dichter ist ja quasi so etwas wie ein Ahnherr für ein mieses Leben, das dadurch entsteht, wenn einen die vielen verdrängten Lebensimpulse einholen und übermannen:[7]

»Nun ist die Luft von solchem Spuk so voll,
dass niemand weiß, wie er ihn meiden soll.
Wenn auch ein Tag uns klar vernünftig lacht,
in Traumgespinst verwickelt uns die Nacht;
wir kehren froh von junger Flur zurück,

Ein Vogel krächzt! Was krächzt er? Missgeschick!
Von Aberglauben früh und spät umgarnt –
es eignet sich – es zeigt sich an, es warnt –
und so verschüchtert stehen wir allein;
die Pforte knarrt und niemand kommt herein.
Ist jemand hier?
Sorge: Die Frage fordert Ja!
Faust: Und du, wer bist denn du?
Sorge: Bin einmal da.
Faust: Entferne dich!
Sorge: Ich bin am rechten Ort. Würd' mich kein
Ohr vernehmen,
müsst' es doch im Herzen dröhnen;
in verwandelter Gestalt;

üb' ich grimmige Gewalt.

Was wir daraus lernen

◆ Emotionen sind was Schönes, daher behalten Sie sie bei und in sich! Lassen Sie
Ihre Emotionen ja nicht raus. Dampf ablassen ist was für Druckkochtöpfe und
nichts für Sie.

◆ Begehen Sie nicht den Fehler, Emotionen
ausdrücken zu wollen, sondern stop-
fen Sie sie ganz tief in sich hinein, bis
in die tiefsten Winkel Ihrer Eingeweide.
Dort lassen Sie sie schmoren, und keine
Bange, Sie werden es schaffen und sie
vergessen. Irgendwann spüren Sie nur
mehr einen leisen Hauch in sich, so als
wollte Ihnen ein leiser Wind entfahren.
Aber so etwas tut man natürlich nicht,
wir wissen ja, was sich gehört.

Kapitel 7

KONTROLLE IST WICHTIG!

Robert, 32 Jahre alt, zieht eine kleine Flasche mit desinfizierender Handcreme aus der Tasche seines Cord-Sakkos und trägt etwas Creme auf seine rissigen Hände auf. Sorgfältig und mit Hingabe cremt er sich damit die Hände ein. Seine Fingernägel sind kurz geschnitten und offensichtlich manikürt. Dann schraubt er bedächtig den Verschluss wieder auf die Flasche und wischt diese mit einem Taschentuch ab, das er aus seiner anderen Sakkotasche hervorgeholt hat. Anschließend faltet er bedächtig das Taschentuch zusammen und steckt es wieder in das Sakko. Schließlich schiebt er die Flasche, die er mit zwei Fingern anhebt, wobei er die anderen Finger abspreizt, ebenfalls in die Sakkotasche. Zufrieden betrachtet er seine Hände, die jetzt rot leuchten und eine deutliche Hautreizung zeigen. Nun lässt er seine Hände sinken und wendet seine Aufmerksamkeit den Malstiften zu, die auf einem Tisch, der neben Roberts Sessel steht, liegen. Robert zögert einige Momente, ehe er beginnt, die Stifte zu sortieren und bündig auf einer Linie zu platzieren.

Der Therapeut, der Robert gegenübersitzt, beobachtet ihn belustigt. Er greift in eine Schale, in der in Folie verpackte Bonbons liegen. Er nimmt eines davon heraus und entfernt bedächtig die Folie. Er schiebt sich das Bonbon genüsslich in den Mund, betrachtet kurz die Folie, zerknüllt sie und wirft sie in Richtung des Papierkorbs, der neben dem Schreibtisch steht, verfehlt ihn jedoch. Der Therapeut brummt leise, ob seines Fauxpas, lässt die Folie jedoch am Boden liegen. Robert, der die Szene wortlos beobachtet hat, starrt wie gebannt auf die am Boden liegende Folie. Derweilen greift der Therapeut zu seinem Stift und notiert etwas in seinen Unterlagen. Roberts Blick wandert mehrfach zwischen der Folie am Boden und dem Therapeuten hin und her. Offenbar erwartet er, dass der Therapeut jeden Moment aufsteht, um sie in den Papierkorb zu befördern. Doch dieser kritzelt ungerührt weiter in seinen Unterlagen. Die Situation bereitet Robert sichtlich Unwohlsein. Seine Finger krallen sich in die Armlehnen seines Stuhls.

»Nun, Robert«, beginnt der Therapeut das Gespräch, »was möchten Sie heute besprechen?« Robert sieht den Therapeuten ungläubig an, als könne er die Frage nicht verstehen. Sein Blick wandert noch einmal zwischen der Folie am Boden und dem Therapeuten hin und her. »Also«, antwortet er schließlich mit etwas gepresster Stimme, »ich dachte, Sie könnten mir noch ein paar Tipps geben, wie ich mein Leben weiter optimieren könnte.«

Der Therapeut lächelt. »Wissen Sie, Robert, Sie kommen nun seit drei Jahren zu mir. Ich meine, wir haben …« Robert springt plötzlich, wie von der Tarantel gestochen, auf, macht einige Schritte in Richtung Papierkorb, hebt mit zwei Fingern die Folie auf und wirft sie hinein. Dann setzt er sich, um sogleich das Fläschchen mit der Desinfektionscreme hervorzuholen und dasselbe Prozedere zu wiederholen, das er bereits zu Beginn der Sitzung abgespult hat. »Verzeihen Sie, wenn ich Sie unterbrochen habe, aber – Ordnung muss sein, nicht wahr?«, sagt er bestimmt, während er seine Hände eincremt.

Der Therapeut greift wieder zum Stift und macht sich Notizen. »Hm«, brummt er nachdenklich, »welche Ordnung meinen Sie denn, Ihre oder meine?«

Robert sieht den Therapeuten irritiert an. »Wie meinen Sie das? Sie wollen doch nicht sagen, *das* sei Ihre Ordnung!« Er weist mit dem Zeigefinger auf die imaginäre Folie am Boden, die mittlerweile im Papierkorb liegt.

»Und wenn es so wäre?«, erwidert der Therapeut ungerührt. »Oder sind Sie der Meinung, es gäbe nur eine von Gott gegebene Ordnung, nämlich Ihre?«

Robert errötet leicht.

»Das soll keineswegs ein Vorwurf sein, vielmehr könnte dies ein guter Ausgangspunkt sein, Ihr Leben zu reflektieren. Sie kommen jetzt seit über drei Jahren zur Therapie. Schon zu Beginn unserer Sitzungen war Ihre Zielformulierung, dass Sie Ihr Leben optimieren möchten, erinnern Sie sich?«

Robert nickt.

»In diesen drei Jahren hat Sie Ihre Frau verlassen, weil Sie Ihre vielen Zwänge nicht mehr ertragen konnte. Ihre beiden Kinder sehen Sie bestenfalls zu den großen Feiertagen. Der geringe Kontakt mit Ihren Kindern hat oft auch damit zu tun, weil diese Ihre Ordnung zu sehr durcheinanderbringen würden oder Krankheitskeime einschleppen könnten. Korrigieren Sie mich, wenn ich etwas falsch verstanden habe.« Wieder nickt Robert. »Sie waschen sich täglich mindestens zehnmal die Hände mit heißem Wasser und verwenden verschiedene Desinfektionsmittel, wodurch die Haut Ihrer Hände bereits arg angegriffen ist.«

Robert hebt den Zeigefinger. »Diese Mittel sind dermatologisch getestet.«

Der Therapeut tut so, als habe er die Bemerkung nicht gehört. »Sie haben so gut wie keine Sozialkontakte mehr, abgesehen von Ihren beiden Bürokolleginnen. Und dennoch ersuchen Sie mich in regelmäßigen Abständen um weitere Tipps, um Ihr Leben zu optimieren. Wissen Sie, man kann sich auch mit der eigenen Sprache in einer Illusion wiegen. Ich meine damit, wenn Sie sagen, Sie möchten etwas optimieren, würde das ja bedeuten, dass Sie beinahe das Optimum erreicht haben. Würden Sie Ihr Leben denn als fast optimal bezeichnen?«

Robert sieht nach oben und denkt nach. »Nun, optimal wäre ein zu starkes Wort, aber ich fühle mich meist sicher. Und das ist sehr wichtig für mich.«

Der Therapeut nickt verständnisvoll. »Natürlich, und es liegt mir fern, die Art und Weise, wie Sie leben, infrage stellen zu wollen. Doch ehrlich gesagt, kann ich mich manchmal des Eindrucks nicht erwehren, dass Ihr sogenanntes Optimieren in letzter Konsequenz eher eine Art Versuch ist, die Gefängniszelle, in der Sie durch Ihre vielfachen Verbote und Gebote leben, etwas zu verschönern. In einer Gefängniszelle wie der Ihren, einer Einzelzelle, ist man zwar weitgehend sicher, aber eben doch in einem Gefängnis.«

Robert macht große Augen. »So sehen Sie mich? Als Sträfling?«

Der Therapeut hebt etwas die Achseln an. »Wäre das so abwegig? In einem Gefängnis ist Einzelhaft oft eine Form der Strafverschärfung. All Ihre Regeln, Gebote und Zwänge sind in gewisser Weise die Mauern Ihres Gefängnisses. Sie sind also Häftling und Gefängniswärter in einer Person.«

Ein Meisterschüler, dieser Robert! Finden Sie nicht auch? An seinem Beispiel lässt sich sehr schön erkennen, wie leicht und einfach es doch sein kann, ein wahrlich einsames Leben zu generieren. Folgen Sie nur stets Ihren Gewohnheiten, insbesondere wenn diese durch Angst getrieben sind. Das ist wunderbar und geradezu unverzichtbar! Angst ist ohnehin der allerbeste Ratgeber für ein mieses Leben. Nicht umsonst findet man in der Bibel die Warnung »Habt keine Angst – fürchtet euch nicht!« geschlagene 365 Mal. Geholfen hat es ohnehin kaum etwas, wenn man die 2000-jährige Kirchengeschichte betrachtet. Dämonen, Teufel und Höllenfeuer an allen Ecken und Enden, dass es nur eine Freude ist.

Wie heißt es so schön? »Gott schuf den Menschen nach seinem Abbild.« Aber ist es nicht gerade umgekehrt? Schuf nicht der Mensch Gott nach seinem Abbild? So wie Robert, der durch seine Gebote und Verbote seine eigene Hölle schafft und auch noch sein eigener Teufel ist? Das kommt Ihnen bekannt vor? Aus Ihrem eigenen Leben? Ja, ist denn das die Möglichkeit? Was für ein Zufall!

Der blaue Eisbär

Lassen wir kurz Robert beiseite und wenden wir uns Ihnen zu, liebe Leserin. Schauen wir uns doch mal Ihren Körper an. Das möchten Sie nicht? Ja, warum denn? Vielleicht weil Ihre Beziehung zu Ihrem Körper nicht die allerbeste ist? Weil er nie so aussieht, wie er aussehen soll? Wobei Sie vielleicht nicht einmal so genau wissen, wie Ihr Körper wirklich aussehen müsste, damit Sie endlich mit ihm zufrieden wären? Hervorragend! Sehen Sie, welch Talent Sie mitbringen für unser Projekt? Fast haben wir das Gefühl, als würden sich unsere männlichen Leser benachteiligt fühlen, denn manche dieser Exemplare schieben ihren Bauch stolz vor sich her und es bereitet ihnen keinerlei Leid, das männlichste ihrer Organe ob ihres Bauches nicht mehr von Angesicht zu Angesicht begrüßen zu dürfen.

Auch wenn die Zahl der Männer, die ob ihres Körpers mit diesem und sich hadern, im Vergleich zu den Frauen geringer ist, so gibt es dennoch genug Bereiche, in denen Männer mit sich (zu Recht) nicht zufrieden sind. Viele stagnieren in ihrem Leben, sie treten auf der Stelle und kommen nicht weiter. Eine erquickliche Leidensquelle, da sich Männer stets gedrängt fühlen, vorwärtszukommen und die Welt zu erobern. Tatsächlich hängen sie aber in endlosen Wiederholungsschleifen fest. Obwohl sie stets etwas in ihrem Leben anders haben wollen, agieren sie doch immer wieder auf die gleiche Weise.

Kennen Sie, werter Leser, vielleicht eine dieser Situationen? Sie wollen seit Jahren einen Job, der Ihnen Spaß macht und besser bezahlt wird? Und dennoch haben Sie bis heute keine einzige Bewerbung abgeschickt? Oder: Sie hocken seit Jahren jede Woche am Stammtisch, obwohl es Sie längst nicht mehr interessiert, weil ohnehin immer das gleiche Gejammere und Gemurre wiedergekäut wird? Auch schön: Sie bekommen seit Jahren feuchte Mundwinkel, wenn Sie die scharfe Assistentin des Chefs sehen, trauen sich diese aber nicht einmal anzulächeln? Na also, Sie sind also mitnichten der weiblichen Leserschaft gegenüber im Nachteil, was ein mieses Leben angeht!

Richtig bewundernswert ist die Tatsache, dass viele Menschen der Meinung sind, sie könnten in einer Sache ein anderes Ergebnis erwarten, auch wenn sie stets dasselbe machen bzw. nicht machen. Es ist wirklich unglaublich, wie viele von uns genau dies tun. Immer und immer wieder versuchen wir mit den gleichen untauglichen Mitteln, andere, bessere Ergebnisse zu erzielen, in der Hoffnung auf ein kolossales Leben. Und der vielleicht größte Wahnsinn ist, dass wir dies früher oder später sogar erkennen, in unserem Tun aber *dennoch* verharren. Verrückter kann man seine Lebenszeit wirklich nicht vergeuden, nicht wahr?

Viele Menschen, die sich und anderen unbewusst immer wieder ein mieses Leben erschaffen, leben stark nach der Devise: *Wenn ich nur alles eliminiert habe, was ich nicht will, dann bleibt schließlich das über, was ich will.*

Auch in vielen Paartherapien zeigt sich dieses Phänomen: Da sitzen dann zwei Menschen nebeneinander, die auf den Punkt genau wissen, was sie *nicht* wollen, aber kaum eine Ahnung haben, *was* sie wollen. Und dann sind diese Menschen oft stinksauer, dass einem der oder die andere das nicht gibt, wovon sie selbst nicht wissen, was es ist. Ein wahrer Klassiker für ein mieses Leben, nicht wahr?

Nach diesem Muster laufen Beziehungen oft über viele, viele Jahre. Es verhält sich in etwa so, als wenn Sie, geschätzte Leserschaft, den Auftrag bekommen, unter gar keinen Umständen an einen blauen Eisbären zu denken. Sie dürfen an alles andere denken, an Bradly Cooper oder Jennifer Lawrence oder das Michelin-Männchen, aber an *keinen blauen Eisbären*. An keinen blauen Eisbären denken! Dank Ihrer brillanten Kombinationsgabe haben Sie natürlich bereits (längst!) erfasst, worauf das hinausläuft: Schon nach kurzer Zeit haben Sie nur mehr das Bild eines blauen Eisbären im Kopf. Das rührt daher, weil das Gehirn ein Bild nicht »nicht« denken kann. Das ist übrigens ein Inhalt, der einem beim Fahrsicherheitstraining nahegebracht wird. Man konnte nämlich bei diversen Unfallgeschehen feststellen, dass etwa Motorradfahrer, die auf einer Straße fahren, wo weit und breit nur ein einziger Baum steht, genau diesen einen Baum rammen. Die Lehre daraus lautet: immer den Fokus dorthin richten, wohin man fahren will. Bei so manchem Unfallopfer, das so einen allein auf weiter Flur stehenden Baum geküsst hat, war nämlich die Denkweise in etwa: »Ah, da vorne ist ein Baum, ich muss auf diesen Baum achtgeben, ja nicht in den Baum fahren.« Rumms!

Bei Robert verhält es sich ähnlich: Aus lauter Vorsicht, ja keine Bakterien, Viren oder dergleichen einzufangen, wäscht er sich viele Male die Hände und traktiert seine Haut mit diversen Chemikalien. Das hat zur Folge, dass die Haut an den Händen immer kränker wird.

Warum tun wir Menschen uns eigentlich so schwer mit

Veränderung und Wandel? Tja, stellen Sie sich doch einmal vor, Sie wären ein Kind im Alter von vier Jahren. Jeden Morgen ist alles ganz anders als gestern. Sie sind jeden Tag von ganz neuen Menschen umgeben, auch Ihre Eltern sind täglich andere Menschen. Sie wohnen in einem anderen Zimmer als gestern, essen völlig andere Speisen usw. Wie fühlt sich so eine Vorstellung an? Nicht so toll? Nun, ohne verlässliche, vertraute und wiederkehrende Abläufe ist die Entwicklung vieler wichtiger menschlicher Eigenschaften wie etwa Liebesfähigkeit, Vertrauen oder Hoffen gar nicht möglich. Solch äußeres Chaos würde zwangsläufig ein inneres Chaos erschaffen. Wenn Sie selber Kinder haben und sie bereits in jungen Jahren in die hohe Kunst des miesen Lebens einweihen möchten, dann vermeiden Sie also so gut wie möglich jede Regelmäßigkeit, jedes Ritual, jede Tradition etc. und lehren Sie es, dass alles »gleich-gültig« ist. Solche Rahmenbedingungen führen fast zwangsläufig in heillose Orientierungslosigkeit. Des Öfteren kann sich dann zwanghaftes Verhalten, wie bei Robert sehr schön sichtbar, als Kompensation entwickeln.

Die Sehnsucht nach Beständigkeit, nach Dauerhaftigkeit, ist also eine uns allen innewohnende Triebfeder. Unser Klient Robert bezeichnet es als Sicherheitsbedürfnis. Doch die einzige Konstante im Leben *ist* die Veränderung. Wenn Sie, werte Leserschaft, in sieben Jahren dieses Buch wieder zur Hand nehmen und lesen werden, wird von Ihrem jetzigen Körper so gut wie nichts mehr übrig sein. Fast alle Ihre Zellen werden in diesen sieben Jahren, Teile davon sogar viele Male, durch andere Zellen ersetzt worden sein. Wenn wir diesen Vorgang unterbinden könnten, im Sinne ewiger Jugend, so wären wir in kürzester Zeit mumifiziert und – tot. So wie Sie, liebe Leserin und lieber Leser, in Ihrer Vergangenheit sicherlich auch schon manchmal vor dem Dilemma standen, dem Guten in Ihrem Leben Dauer und Bestand verleihen zu wollen, und dennoch spürten, dass dieses »Festhalten-Wollen« alsbald zu Erstarrung führte. Die Balance zu finden zwischen Beständigkeit und notwendiger Wandlung und Entwicklung ist oft nicht einfach. Unser Dasein ist ein permanentes »Stirb-und-Werde« oder, wie Heraklit es formulierte: »Du kannst nicht zweimal in denselben Fluss steigen.«

Im Sinne unseres gemeinsamen Projektes eines miesen Lebens bedeutet dies: Vermeiden Sie Veränderung! Denn Leben *ist* Veränderung – und Sie wollen doch nicht so wirklich voll und ganz leben, nicht wahr? Konservieren Sie daher Ihr Leben, Ihren Status quo! Schon ein gewisser Jesus aus Nazareth sagte sehr treffend: »Wer sein Leben festhält, der wird es verlieren.«

Sisyphos ist unser Held

Sie kennen den Mythos von Sisyphos? Nicht wirklich? Nun denn:
Sisyphos war einst König von Korinth. Nachdem er den Totengott Thanatos mehrfach ausgetrickst hatte, musste er zur Strafe einen Felsen auf einen Berg hinaufrollen, der ihm jedoch kurz vor dem Gipfel immer wieder entglitt und dann hinunterrollte. Und das bis in alle Ewigkeit. So weit – stark verkürzt – der Mythos.

Zur Erklärung: Mythen sind archetypische Bilder. Archetypen wiederum sind Grundwirkkräfte der Seele, die auf unser Leben einen starken Einfluss haben. Wenn wir nun die Bilder dieses Mythos betrachten, so können wir sehen, dass die Ursache für den Fluch des Sisyphos darin lag, dass er wiederholt versuchte, den Tod auszutricksen. Der Tod kann als das große *Lassen* verstanden werden. Es gibt in unserem Leben kein größeres Lassen als den Tod, denn mit ihm lassen wir das Leben. *Im Tod ist das Leben*, heißt es in vielen mystischen Traditionen, doch genau das will Sisyphos nicht zulassen. König Sisyphos bekam die Strafe des ewigen »Steinrollens« aufgebrummt, weil er, wie erwähnt, gleich mehrfach den Totengott Thanatos ausgetrickst und sich so gegen die Gesetzmäßigkeiten der Natur versündigt hatte. Sein »So-wie-*ich*-will« wurde zum Fluch. Wenn wir dem Leben nicht vertrauen können, so müssen wir maximale Kontrolle gepaart mit maximalem *Ich-will* aufbringen – was wohl ähnlich anstrengend sein dürfte, wie immer wieder einen Felsbrocken auf einen Berggipfel rollen zu müssen. Da sind chronische Verspannungen schon mal vorprogrammiert ...

»Mein Wille geschehe« lautet die Devise eines zwanghaften Lebens. Sie sehen doch, wie wunderbar das bei Robert funktioniert. Alles, was Sie tun müssen, ist, wie auch Robert es macht, dies geschickt zu »verkleiden.« Dann heißt es plötzlich nicht mehr »So wie ich will, hat das Leben zu funktionieren«, sondern man nennt es eben ein ausgeprägtes »Sicherheitsbedürfnis« oder Mann ist sehr »zielstrebig« oder Frau folgt ihren Gefühlen (auch wenn es immer wieder zu den gleichen miesen Ergebnissen führt). Das ist ja gerade der Fluch des Sisyphos, dass er immer wieder auf die ewig gleiche Weise seinen Willen durchsetzen will. Für ihn gibt es kein »*Dein*-Wille-geschehe«, denn, wie gesagt, wo käme er denn da hin? Was wäre, wenn Sisyphos eines Tages sagen würde: »Ich denke, ein paar tausend Jahre Steinrollen sind genug. Ich *lasse* diesen Stein einen Stein sein und sehe mich mal um, was es sonst noch für Lebensinhalte geben könnte!« Dann wäre der Fluch im selben Moment gebrochen. Da das permanente Wollen aber so viel wertvolle Leidenserfahrungen in vielerlei Lebenssituationen erschaffen kann, wollen Sie sich dieses Streben doch nicht allen Ernstes entgehen lassen!

Nehmen Sie sich doch Erich zum Vorbild: Wie Sie schon im letzten Kapitel so eindrücklich erfahren konnten, ist selbst bei so einer lustvollen und eigentlich simplen Sache wie dem Sex viel Potential für miese Lebenserfahrungen für Sie drin! So zeigt uns Erich, dass man durch zwanghaftes und automatisiertes *Wollen* der Potenz wunderbar das Lebenslicht ausblasen kann. Die Franzosen haben für den Orgasmus eine nette Bezeichnung: »la petite mort« – der kleine Tod. Eine Umschreibung für einen kurzzeitigen Kontrollverlust. Wenn Sie, werte Leserin und werter Leser, wie Sisyphos den großen Stein Ihres Wollens immer schön vor sich her wälzen, dann brauchen auch Sie sich alsbald nicht mehr um solch oberflächliche Erfahrungen wie die eines Orgasmus zu kümmern, weil Sie dann bald ohnehin kaum mehr einen haben werden – aus Ermangelung einer Erektion (oder, um die Damen nicht zu vernachlässigen, dem Entstehen von Scheidenkrämpfen).

Wenn man möchte, kann man die Thematik »Wollen versus Lassen« auch aus der Perspektive der Polaritäten betrachten: Die Grundpolaritäten des menschlichen Lebens sind das weibliche und das männliche Prinzip oder Yin und Yang, wenn Sie es so nennen möchten. Sehr vereinfacht formuliert steht das Männliche für das Schöpferische und das Weibliche für das Empfangende, das Hingeben.

Hingabefähigkeit heißt – Verzicht auf aktives Tun, nix wollen also. Archetypische Symbole des Weiblichen wie der Mond und das Wasser sind nicht aktiv wie ihre Gegenpole Sonne und Feuer, die Licht und Wärme abgeben. Vielmehr lassen sie dieses Licht und diese Wärme herein und nehmen sie auf bzw. reflektieren sie. Das Wasser verzichtet auf eine eigene Form, denn es nimmt jede Form an. Es passt sich an und gibt sich hin.

Wir führen das für Sie, geschätzte Leserschaft, deswegen an, damit Sie diese weibliche Qualität, wenn sie bei Ihnen auftauchen sollte, sofort mit einem tüchtigen Maß an Willen, Kontrolle und Ähnlichem konterkarieren, um unser Projekt eines miesen Lebens nicht unnötig zu gefährden. Seien Sie vielmehr wie der Suchende der folgenden frei nacherzählten Geschichte aus dem Buch »Warum der Schäfer jedes Wetter liebt«[8] von Anthony de Mello:

Ein Mann, der sich der Suche nach Wahrheit und Erleuchtung verschrieb, machte sich auf die Suche nach einem sehr berühmten Meister, der ihn auf seinem Weg anleiten sollte. Der Teufel, der bekanntlich niemals schläft, setzte nun alles daran, den Suchenden von seinem Weg abzubringen. Er umgarnte ihn mit allen nur möglichen Versuchungen, wie Reichtum, Macht, Prestige, Sinneslust und anderem mehr. Doch der Suchende, der schon sehr erfahren war in geistlichen Dingen, ließ sich davon nicht beirren, da sein Hunger nach spirituellem Wachstum sehr groß war. Eines Tages schließlich kam er zum Haus des Meisters. Schon bald war er einigermaßen über das Verhalten des Meisters verwundert. So saß dieser sogenannte Meister in einem noblen Polstersessel, während seine Schüler vor ihm auf dem Boden saßen. »Nun, Demut gehört wohl nicht gerade zu den Haupttugenden dieses Mannes«, dachte der Suchende. Auch andere Verhaltensweisen erregten den Missmut des Suchenden. So beachtete der Meister ihn kaum und auch die extravagante Kleidung sowie der Redestil des Meisters erregten das Missfallen des Suchenden. So kam er schließlich zur Erkenntnis, dass dies kein wahrer Meister sein könne. Als er den Raum verließ, um weiter zu suchen, sagte der Meister, der den Teufel längst bemerkt hatte, zu diesem: »Du hättest keinen solchen Aufwand betreiben müssen, Versucher, er war von Anfang an dein.«

So geht es jenen, die auf der Suche nach Gott gewillt sind, alles aufzugeben, außer ihrer eigenen Vorstellung von Gott. Denn – das Wollen kann sich wunderbar auch mit der

Maske scheinbarer Gelassenheit verkleiden. Für nicht wenige Menschen ist es ein Leichtes, dem materiellen Besitz zu entsagen, weil er ihnen ohnehin kaum etwas bedeutet. Wenn es jedoch darum geht, Glaubenssätze oder feste Überzeugungen zu relativieren, dann ist es oft ganz schnell vorbei mit der Gelassenheit.

Was wir daraus lernen

- Fokussieren Sie sich darauf, was noch nicht stimmt; in Ihrem Leben und überhaupt.

- Halten Sie an Ihren Vorstellungen vom Leben fest: felsenfest und unbeugsam.

- Veränderung ist der Tod allen Lebens. Stabilität und Gleichförmigkeit verleihen Sicherheit bis in alle Ewigkeit.

- Dein Wille geschehe. Der Herr Pfarrer hat im Gebet immer nur *dich* gemeint.

Kapitel 8

GRÄME DICH ÜBER DAS GESTERN UND FÜRCHTE DAS MORGEN

Theresa, 51 Jahre alt, kommt seit zwei Monaten wegen einer Angststörung zur Therapie. Sie hat zwei erwachsene Kinder und ist seit vier Jahren geschieden. Ihr Mann war, wie sie mehrfach erzählt hat, so etwas wie ein Fels in der Brandung für sie. Nach 20 Jahren Ehe wollte er die Scheidung, weil er sich in eine um 18 Jahre jüngere Kollegin verliebt hatte (von der er sich mittlerweile wieder getrennt hat; nichts ist von Dauer). Eigentlich kam Theresa auf Drängen ihrer Kinder zur Therapie, doch mittlerweile ist sie sehr froh, diesen Schritt gemacht zu haben. Da ihr soziales Leben in der Vergangenheit stets von ihrem Exmann organisiert worden war, vereinsamte Theresa nach der Scheidung zusehends; auch ihre Kinder gehen schon lange ihre eigenen Wege. Theresa arbeitet als Sekretärin in einer Anwaltskanzlei und ihre Freizeit verbringt sie häufig mit Sudoku und Kreuzworträtseln sowie mit dem Beschriften von Familienfotos, die sie über die Jahre angehäuft hat.

»Nun, Theresa«, beginnt der Therapeut das Gespräch, »wie war Ihre Woche?«

Theresa streicht sich etwas verlegen über ihren Rock. »Ach, na ja, so wie immer, Arbeit, ein wenig Haushalt, ein paar neue Rätsel und ein neues Fotoalbum. Meine Tochter hat mich am Dienstag angerufen, aus Stockholm, wissen Sie. Sie trampt mit ihrem Freund und hat richtig Freude daran.«

»Das ist sicher sehr spannend und aufregend«, bemerkt der Therapeut, »haben Sie so etwas auch schon einmal gemacht?«

Theresa macht große Augen und lächelt ein wenig verlegen. »Nein, als ich in dem Alter war, musste ich auf dem Bauernhof meiner Eltern arbeiten. Ich bin damals gerade einmal bis nach Jesolo gekommen, im Rahmen einer Sportschulwoche. Das war richtig schön damals!«

»Was war denn so schön daran?«, fragt der Therapeut.

»Ja, das südliche Flair, ein kleiner Flirt und mein erster und einziger Schwips.«

Der Therapeut nickt. »War das so etwas wie Ihre Sturm- und Drangzeit?«

Theresa wiegt den Kopf etwas hin und her. »So richtig gestürmt hat es wohl nie bei mir. Aber trotzdem war es schön. Ich habe erst gestern wieder das Fotoalbum von damals durchgeblättert. Wo sind nur all die Jahre hingekommen?«

Der Therapeut beugt sich etwas vor. »Wenn Ihnen damals das südliche Flair so gut gefallen hat, warum setzen Sie sich nicht am Freitag nach der Arbeit ins Auto und fahren runter ans Meer?«

Theresa lehnt sich zurück und verschränkt die Arme. »Wo denken Sie hin? Ich muss mich doch um Eleonora kümmern!«

Der Therapeut zieht die Augenbrauen hoch. »Eleonora?«, fragt er. – »Meine Katze. Ich kann sie doch nicht so lange alleine lassen. Und dann, meine Ängste! Was, wenn ich dort, so weit weg, meine Angstzustände bekomme?

Meine Schwägerin hatte einmal in Paris eine Thrombose. Wenn ich mir vorstelle, dass mir auch so etwas passieren könnte! Allein bei dem Gedanken krampft sich mir der Magen zusammen!«

Der Therapeut macht sich Notizen. »Waren Sie denn noch nie auswärts im Urlaub?« Theresa legt den Kopf verträumt zur Seite. »Doch, wir waren in Israel, Jordanien, Spanien und in einigen anderen Ländern. Das hat alles mein Mann organisiert. Ach, das waren Zeiten!«

Der Therapeut nickt anerkennend. »Das klingt aufregend.«

Theresa sieht verträumt ins Leere. »Ja, das war es …«

»Heißt das«, hakt der Therapeut nach, »dass Sie jemanden brauchen, der Ihnen Sicherheit vermittelt und für Sie alles organisiert?«

Theresa öffnet ihre immer noch verschränkten Arme und legt ihre Hände flach auf ihre Oberschenkel. »Alleine macht es keinen Spaß. Und überhaupt, bei all den Krankheiten, die zurzeit auftreten – was, wenn mich im Ausland ein Virus erwischt! In einem Krankenhaus liegen, wo die hygienischen Bedingungen zum Fürchten sind! Nein danke, da bleibe ich lieber in meinen sicheren vier Wänden.«

Der Therapeut lehnt sich zurück und wirkt ein wenig ratlos. »Wissen Sie, wenn ich Ihnen so zuhöre, entsteht bei mir ein wenig der Eindruck, als ob das gute, das belebende Leben bereits hinter Ihnen liegen würde und Sie dieses vergangene Leben in Fotoalben konserviert hätten. Ihr Ausblick auf die Zukunft ist dagegen ziemlich angstgefärbt, wenn man es so nennen möchte. Das heutige Leben dagegen besteht, wie Sie mir geschildert haben, aus geradezu automatisierten Wiederholungen. Arbeit, Haushalt, Rätsel und Fotos. Es liegt mir natürlich fern, Ihre Lebensführung bewerten zu wollen, darum meine Frage: Ist das das Leben, das Sie leben möchten?«

Theresa knetet ihre Hände. »Tja«, antwortet sie schließlich, »das Leben ist ganz offensichtlich kein Wunschkonzert. Sie fragen mich, wie ich leben möchte? Ich möchte, dass mein Mann zu mir zurückkommt, aber wie es scheint, wird das nicht passieren. Angeblich hat er jetzt etwas mit einer 25-jährigen Russin. Dass er sich nicht schämt! Zumindest vor seinen Kindern. Unser Sohn ist auch 25. Richtig ekelhaft ist das!«

Der Therapeut nickt. »Das ist sicher hart für Sie. Und dennoch würden Sie Ihren Mann wieder bei sich aufnehmen?«

Theresa presst die Lippen aufeinander. »Er hat es doch so gut bei mir gehabt! Ich habe für ihn gekocht, geputzt, gewaschen. Ja selbst im Bett war ich ihm zu Willen, damit ihm nichts abgeht. Und das ist der Dank! Ich träume immer noch davon, dass er eines Tages zur Besinnung kommt und wir wieder an die alten Zeiten anschließen können.«

»Und – wenn nicht?«, fragt der Therapeut nach einer Minute des Schweigens in die Stille hinein. »Wann werden Sie genug gewartet haben?«

Theresa zuckt nur mit den Achseln.

Der Therapeut blickt auf die Uhr. »Theresa, darf ich Ihnen heute zum Abschied ein Lied singen? Der Titel des Liedes lautet *Bleiben*.«

Theresa sieht ihn überrascht an. »Ja, gerne, für mich hat noch nie jemand ein Lied gesungen.«

Der Therapeut steht auf, holt die Gitarre aus dem Nebenzimmer und setzt sich. Er stimmt das Instrument und beginnt dann das folgende Lied:

> Wo ist sie denn nur hingekommen
> Die wunderschöne gute alte Zeit
> Mein Leben hat doch grade erst begonnen
> Lag's doch vor mir so schön und weit

Nun sitz' ich hier – bin ganz benommen
Alles ist fort und nichts mir blieb
Kann mich in Erinnerungen sonnen

Das Leben heut' auf morgen ich verschieb'
Warum konnt' ich nicht bleiben
Wo ich denn einstmals glücklich war
Das Leben ist ein stetes Scheiden

Um neu zu werden Jahr für Jahr
Wohin soll ich mich wenden
Wer gibt mir Halt – was gibt mir Sinn
Fürwahr – so kann es doch nicht enden
Weiß nicht mal mehr, wer ich denn bin
Das Gestern, das verblasst nun stetig
Das Morgen ist verhüllt im Nebelgrau
Gleich einem Blatt im Fluss treib ich dahin

Mein Leben wohl auf Sand ich bau'
Warum konnt' ich nicht bleiben
Wo ich denn einstmals glücklich war
Das Leben ist ein stetes Scheiden

Um neu zu werden Jahr für Jahr
Ach – nichts auf dieser Welt ist wohl von Dauer
Kaum ist es hier – schon ist es fort
Es fröstelt mich ein kalter Schauer
Kann nicht verweilen – an keinem Ort
So muss ich mich wohl beugen
Dem Weltenlauf – ich geb' mich drein
Mein Schicksal – will's nun nicht mehr leugnen

So sei es denn – nun will ich SEIN!
Warum konnt' ich nicht bleiben
Wo ich denn einstmals glücklich war

> Das Leben ist ein stetes Scheiden
> Um neu zu werden Jahr für Jahr
> (Wolf Pichler)

Auch bei Theresa könnte man ob des hohen Maßes ihrer Meisterschaft, im Sinne unseres Projekts eines miesen Lebens, geradezu erschauern. Diese sicherlich tausendfach wiederholten und perfektionierten Vermeidungen! Dieses Glorifizieren der Vergangenheit! Man könnte den Eindruck gewinnen, als lebte sie in ihrem eigenen kleinen Privatmuseum. Theresa hat wahrlich nichts dem Zufall überlassen. Die Katze als absolutes Totschlagargument zu instrumentalisieren, um jegliche neue Eigeninitiative bereits im Keim zu ersticken, absolut genial! Wir verneigen uns in Ehrfurcht vor so viel Hingabe an unser Projekt.

An dieser Stelle wollen wir aber auch einmal die Kreativität des Therapeuten lobend erwähnen: Das haben Sie, liebe Leserschaft, ja wohl auch noch nicht erlebt, einen singenden Therapeuten! Ist schon erstaunlich, was sich die Therapeutenzunft alles einfallen lässt, um die Klientel bei der Stange zu halten.

Wenn wir hier nun einmal eine kleine Zwischenbilanz ziehen: Wie geht es Ihnen, geschätzte Leserin, geschätzter Leser? Haben Sie, im Sinne unseres Opus magnum, bereits fleißig praktiziert? Ein tüchtiges Maß an Negativität in Ihr Denken einfließen lassen? Den Körper als ein notwendiges Übel und Anhängsel behandelt? Ihr soziales Leben minimiert oder zumindest der Partnerin oder dem Partner das Leben schwer gemacht? Eine emotionale Nulllinie gefahren? Immer schön im Wiederholungsmodus gelebt?

Ach, das ist nichts Neues für Sie? Machen Sie immer schon? Quasi »business as usual«? Na, dann sind Sie ja auf dem besten Weg zur Meisterschaft! Zur Meisterschaft Ihres miesen Lebens. Doch um zu wahrer Meisterschaft aufzusteigen, sollten Sie nichts dem Zufall überlassen! Da gibt es noch so einiges, das berücksichtigt und gelebt werden will, um zu echter mieser Größe aufzusteigen!

Schön ist es auch anderswo

Eine weitere Möglichkeit, sich sein Leben so richtig zu vermiesen, ist die Ausrichtung des eigenen Fokus: Gräme dich über das Gestern und fürchte das Morgen. So kannst du das Jetzt elegant vermeiden. Vielleicht stellt sich für den einen oder anderen die Frage, warum dies für unser Projekt von Belang ist. Nun, es ist insofern relevant, als das Leben nur im gegenwärtigen Moment stattfindet. Vergangenheit und Zukunft sind in letzter Konsequenz so etwas wie menschliche Konstrukte. Wir, die Autoren, glauben, dass, wenn wir einen Bären nach der Uhrzeit fragen würden und er uns antworten könnte, er wohl sagen würde: »Was heißt das, wie spät? Es ist doch jetzt!« Doch dieses Jetzt erlebt unsereins reichlich selten. Gedanken, Werbung und Medien aller Art ziehen uns weg vom gegenwärtigen Augenblick und versprechen uns im »Dann« ein besseres »Jetzt«.

Wilhelm Busch lässt den »Mann mit dem Fernrohr« sagen[9]:

> »Warum soll ich nicht beim Gehen«
> Sprach er – »in die Ferne sehen?
> Schön ist es auch anderswo,
>
> Und hier bin ich sowieso.«
> Hierbei aber stolpert er
>
> In den Teich und sieht nichts mehr.

Sie sehen also, die Thematik des »Dann«, des »In-der-Zukunft-Leben«, hat die Menschen vor über 150 Jahren auch schon beschäftigt. Doch bevor wir uns ausgiebig dem Nutzen des »In-der-Zukunft-Leben« widmen, wollen wir für unser Projekt eines miesen Lebens den Blick auf dessen Bruder im Geiste, auf das »Leben-im-Gestern«, richten:

Nicht wenige Menschen sprechen gern von der »guten alten Zeit«. Vornehmlich alte Menschen haben geradezu einen verklärten Blick, wenn sie über die Vergangenheit sprechen. Dass diese Zeit, wenn man etwas genauer hinsieht, gar nicht so gut war, wird gerne ausgeblendet. Vielmehr ist es die eigene Bewertung der gespeicherten Erinnerungsbilder, die die Vergangenheit positiv oder negativ erscheinen lässt. Gerade ein Menschentyp wie Theresa, die stark das Lebensmotto »Sehnen ist wichtiger als haben« praktiziert, lebt selten den gegenwärtigen Augenblick bewusst. Wie bereits erwähnt, kann man den Fokus des Bewusstseins ganz wunderbar auf das Ersehnen des »Dann«, also einer vorgestellten Zukunft, richten; oder man macht es wie Theresa und richtet den mentalen Scheinwerfer schmachtend und sehnsuchtsvoll in die Vergangenheit – mit dem schönen Erfolg, dass das gegenwärtige Leben immer mehr erstarrt.

So wie es auch schon in biblischen Zeiten Lots Frau beim

Verlassen der Stadt Gomorrha erging: Der Befehl Gottes im Alten Testament lautete, die Stadt Gomorrha, in der Lot bis dahin mit seiner Familie gelebt hatte, zu verlassen und sich nicht mehr umzudrehen. Die Stadt stand für die Vergangenheit, nach der man sich nicht umwenden durfte. Lots Frau wandte sich dennoch um und erstarrte zur Salzsäule.

Das Leben einer Salzsäule ist eine recht leblose Angelegenheit. Also wie geschaffen für unser Projekt, nicht wahr, werte Leserschaft? Es verhilft Ihnen, Ihr Leben mit Schmachten und Wehklagen zu verbringen. So wie es schon Orpheus bis zu seinem Ableben vorgezeigt hat. Der Mythos von Orpheus und Euridike ist Ihnen gerade nicht geläufig? Nun, Orpheus und Euridike waren ein Liebespaar. Dummerweise wurde Euridike von einer Schlange gebissen und starb. Dies grämte den großen Sänger und Dichter Orpheus, ein Sohn Apolls, so sehr, dass er sich in die Unterwelt, in den Hades, aufmachte, um Euridike in die Welt der Lebenden, also in die Gegenwart, zurückzuholen. Durch seinen Gesang machte er den Gott der Unterwelt so mürbe, dass er ihm gestattete, Euridike wieder in die Welt der Lebenden (in die Gegenwart) hinaufzubringen. Allerdings unter der Bedingung, dass Orpheus sich auf dem Weg aus dem Hades nicht umdrehen durfte. Dreimal dürfen Sie raten, wie es ausging: Nicht nur Frauen drehen sich gerne um (Fragen Sie Lot, wenn Sie es nicht glauben!) ... Natürlich drehte sich auch Orpheus um und Euridike verschwand für immer im Hades. Den Rest seines Lebens verbrachte Orpheus damit, singend und wehklagend durch die Lande zu ziehen, bis er der Bevölkerung dermaßen auf die Nerven ging, dass er erschlagen wurde. Eine Heulsuse kommt bei den Mitmenschen eben nicht gut an. Aber wem erzählen wir das, werte Leserschaft?

Unser Körper kennt weder Vergangenheit noch Zukunft. Für ihn gibt es immer nur das Jetzt. Wenn Sie also die Erfahrungen existenziellen Leidens mehren wollen, brauchen Sie nur Ihren Fokus in einer wehmütigen, traurigen oder auch zornigen Gemütshaltung auf Erinnerungsbilder Ihrer Vergangenheit zu richten, und alsbald wird Ihr Körper die elektrochemische Entsprechung dieser Haltung erschaffen. Da sich die Vergangenheit bekanntlich nicht mehr ändern lässt, können Sie mit dieser Technik des negativen Rückblickens genüsslich bis ans Ende Ihrer Tage leiden! Na, wenn das kein Jackpot ist! Das werden selbst die hartgesottensten Zweifler unter Ihnen zugeben müssen. Halten Sie also fest an den Bildern und den Bewertungen Ihrer Vergangenheit, dann kann gar nichts mehr schiefgehen! Selbst der Teufel, wenn es ihn denn geben sollte, würde sich schwertun, die von Ihnen selbst erschaffene Hölle zu toppen.

Bevor wir uns nun der Erschaffung Ihrer Zukunftshölle zuwenden, noch eine kleine Geschichte aus dem Buch von Anthony de Mello, »Warum der Schäfer jedes Wetter liebt«.[10]

Sie lautet frei nacherzählt in etwa so: Ein Atheist wanderte eines Tages, nichts Böses ahnend, auf einen Berg. Plötzlich rutschte er aus und schlitterte immer schneller dem Abgrund entgegen. Als er im Begriff war, vollends in die Tiefe zu stürzen, bekam er gerade noch den Ast eines Baumes zu fassen. Da hing er nun zwischen Himmel und Erde. Ihm war klar, dass er sich nicht lange würde halten können. Da rief er: »Gott!« Schweigen. Keine Antwort. Noch einmal rief er: »Gott! Wenn du da bist und es dich wirklich gibt, dann hilf mir jetzt! Bitte! Dann werde ich gewiss an dich glauben und auch anderen davon erzählen!« Stille. Da fuhr ihm der Schreck in seine Glieder, dass er beinahe den Ast losgelassen hätte, an dem er sich festhielt. Denn er vernahm plötzlich eine laute, dröhnende Stimme: »Na klar, das versprechen alle, wenn die Kacke am Dampfen ist!« »Nein, nein!«, rief der Atheist nun hoffnungsvoll. »Ich stehe zu meinem Wort! Du siehst doch, dass ich bereits zu glauben beginne! Wenn ich deine Stimme höre, das ist doch schon was! Jetzt brauchst du mich nur noch zu retten und ich werde zum Prediger deines Wortes!« »Also gut«, sagte die Stimme,

»ich rette dich. Und jetzt lass den Ast los.« »Das kann doch wohl nicht dein Ernst sein«, rief der Atheist, »glaubst du, ich bin verrückt?«

Wir sind die Summe unserer Überzeugungen und Programmierungen aus unserer Vergangenheit. Solange wir an diesen Überzeugungen und Glaubenseinstellungen festhalten, ist Veränderung, Wandlung und Wachstum nicht wirklich möglich.

Also, liebe Leserschaft, immer schön festhalten, den Ast Ihrer Vergangenheit! Wenn möglich, in einer Haltung von Wehmut, Trauer oder Zorn! Denn das, woran Sie festhalten, woran Sie sich binden, das wird zu Ihrer »religio«. Dazu braucht es nicht zwingend ein Gottesbild – ein Erinnerungsbild von einer negativ gefärbten Vergangenheit geht genauso!

Ängstigt euch und fürchtet euch sehr!

Wie versprochen, wollen wir uns nun der angstvollen Zukunft zuwenden. Die Botschaft des Engels der Weihnacht muss für uns lauten: »Ängstigt euch und fürchtet euch sehr!« Wahrscheinlich haben Sie sich, werte Leserin und werter Leser, bereits die Frage gestellt, warum es denn für die Erlangung existenzieller, leidvoller Erfahrungen so wichtig ist, dass wir uns ausgiebig fürchten. Nun, das Wort Angst kommt vom Lateinischen »angustus«, was so viel wie *Enge* bedeutet. Angst macht eng und eng macht Angst. Herzrasen, Atemnot, Engegefühl in der Brust, bis hin zu völliger körperlicher Erstarrung, im Fachjargon auch Stupor genannt, können auftreten, wenn man sich besonders ausgiebig und hingebungsvoll fürchtet, was so nebenbei die Anzeichen einer Panikattacke sein können. Dass diese Körpersymptome natürlich geradezu ein Must-have für unser Projekt sind, leuchtet wohl jedem ein. Besonders enge räumliche Erfahrungen, wie zum Beispiel ein Tunnel, ein Lift oder ein dunkler Kinosaal, wo man in der Mitte einer Reihe sitzt, rufen bei vielen Menschen Ängste bis hin zu Panikattacken hervor. Was zur Folge hat, dass ihr Lebens- und Aktionsradius deutlich eingeschränkt wird, weil sie solche Situationen zu vermeiden versuchen. Das allein ist ja schon einmal ein wertvoller Aspekt für unser Projekt, aber es kommt noch besser. Im Zustand von Angst schaltet das Gehirn auf Kampf, Flucht oder in den Totstellmodus. Stresshormone werden ausgeschüttet und die Immunabwehr wird heruntergefahren. Bildhaft gesprochen schaltet das körperliche System bei Angst auf den Neandertalermodus um. Es ist so nett und versetzt uns in die Lage, den zu erwartenden, lebensbedrohlichen Säbelzahntiger zu bekämpfen oder vor ihm fliehen zu können. In nicht wenigen Fällen drängt dieser Modus den Körper auch dazu, sich zu erleichtern, also Ballast abzuwerfen, um leichtfüßiger vor des Tigers Krallen und Zähnen fliehen zu können. Kurz und gut: Man gibt Stuhl und Harn ab. »Er macht sich vor Angst in die Hose«, formuliert der Volksmund wenig fein, aber treffend.

Heute ist bloß schon lange kein Tiger mehr da, vor dem man fliehen müsste, doch erklären Sie das einmal dem immer noch in uns existierenden Neandertalerprogramm! Sinnlos! Es kann nicht differenzieren zwischen realer und eingebildeter Gefahr. Wenn der »Angstschalter« einmal auf »on« gestellt ist, dann spielt der Körper, wie schon vor vielen Tausend Jahren, das immer gleiche Programm ab. Cool, oder?

Dieses Programm ist in einer viel älteren Gehirnregion angesiedelt als das rationale Denken. Es ist eine Art lebenserhaltendes Grundprogramm. Wenn es einmal gestartet ist, dann ist das rationale Denken bis auf Weiteres weitgehend wirkungslos. Für die Neandertaler war das auch gut so. Stellen Sie sich doch einmal vor, ein solches Exemplar geht fröhlich und nichts Böses denkend durch das hohe Steppengras. Plötzlich steht ein Tiger vor ihm. Es wäre nicht gut für den haarigen Burschen, wenn er sich, statt die Beine in die Hand zu nehmen, auf einen Stein setzen würde, um zu sinnieren, welche spirituelle Bedeutung dieser Tiger wohl haben mag. Ebenso fruchtlos wäre es, würde er auf die Knie fallen und eine Gottheit darum bitten, ein Wunder geschehen zu lassen und den Tiger zum Vegetarismus zu bekehren. Würde unser Freund den mächtigen Tiger ebenfalls auf die Knie fallen sehen, die Vorderpfoten zum Gebet gefaltet, und ihn beten hören: »Komm, Herr Jesus, sei unser Gast und segne, was du uns bescheret hast«, wäre er vermutlich bereits dem Wahnsinn allzu großer Angst zum Opfer gefallen. Darum hat uns die Natur mit automatisierten Reaktionen ausgestattet – wir kämpfen oder, besser noch, wir rennen so schnell und so weit wie möglich.

Wenn also, wie erwähnt, das Angstprogramm auf »on« geschaltet ist, wird die Energiezufuhr zum Frontalhirn, wo das rationale Denken angesiedelt ist, stark gedrosselt. So mancher von uns hat diesen Vorgang vielleicht schon in Form einer Prüfungsangst erlebt: Man geht gut vorbereitet zu einer Prüfung, bekommt es vor der Tür des Professors mit der Angst zu tun, und plötzlich – weiß man nichts mehr. Man fliegt mit Bomben und Granaten durch die Prüfung. Verlässt man dann betreten den Raum und die Angst verflüchtigt sich, dann kehrt allmählich auch das gespeicherte Wissen zurück. Und zum *Nicht genügend* gesellt sich der Ärger über sich selbst.

Es hilft auch herzlich wenig, einem anderen gut zuzureden, ganz im Gegenteil, es wird seine Angst weiter beflügeln! Stellen Sie sich, liebe Leserinnen, bitte einmal vor, Sie hätten Angst vor Spinnen. Gar nicht so weit hergeholt? Umso besser. Sie sitzen gemütlich mit einem Freund in Ihrem

Wohnzimmer auf der Couch. Eine freundliche, wohlige Atmosphäre. Plötzlich bemerken Sie, wie eine große Spinne am Boden auf Sie zu krabbelt. Sie bekommen einen Mordsschrecken und verdrücken sich reflexhaft in den letzten Winkel der Coach. Ihr Freund versucht Sie zu beruhigen und erklärt Ihnen, dass Sie sich doch nicht zu fürchten brauchen und die Spinne tausendmal mehr Angst hat als Sie. Wie wird Ihre Reaktion sein? Nun, Ihre Angst wird bleiben und wahrscheinlich werden Sie sich über den Freund ärgern, dem die Situation womöglich auch noch Spaß bereitet. Warum Ihre Angst bleibt? Weil die rationale Information des Freundes für Sie gerade so nützlich ist wie ein Kropf! Sie sind längst im Fluchtmodus und ärgern sich darüber, dass Ihr Freund Sie nicht versteht! Auf der rationalen Ebene wissen Sie natürlich, was Ihnen Ihr Freund gerade zu vermitteln versucht, nur, es hilft Ihnen nichts. Dass dieser Freund wesentlich hilfreicher wäre, wenn er durch seine bloße beruhigende Präsenz im Augenblick verweilen würde, ohne rationelles Erklären, ist natürlich für unser Projekt völlig ohne Belang.

Gewiss bekommen Sie, werte Leserschaft, mehr und mehr eine Ahnung und ein Verständnis dafür, wie wertvoll Angst für ein richtig mieses Leben ist. Ein weiterer wichtiger Aspekt, was Leben in Angst angeht, ist die bereits erwähnte Reduktion der Immunabwehr. Ständig Kacke in der Hose sorgt nämlich dafür, dass wir krankheitsanfälliger werden.

Hierzu eine kleine Geschichte aus dem alten Arabien:[11] Ein Mann saß vor Damaskus unter einer Palme. Plötzlich sah er von Weitem den Tod herankommen. Ein Schauer lief ihm über den Rücken. Schließlich stand der Tod vor ihm. »Wohin gehst du?«, fragte der Mann den Tod schüchtern. »Ich gehe nach Damaskus, um 500 Menschenleben zu holen.« Wieder erschauerte der Mann. Der Tod setzte seinen Weg fort. Nach einiger Zeit sah der Mann, wie immer mehr Menschen aus Damaskus flohen. Der Mann fragte einen dieser Menschen, was denn los sei. »Der Tod geht um in Damaskus! Er hat

schon 5000 Menschen das Leben genommen!« Dann has-
tete er weiter. Einige Zeit später sah der Mann unter der
Palme den Tod wieder aus Damaskus herauskommen. Als
der Tod schließlich wieder an ihm vorüberging, rief er ihm
zu: »Tod! Du bist ein Lügner und Betrüger!« Der Tod wandte sich dem Mann zu. »Wie kommst du darauf?« Der Mann
stand auf und stellte sich vor den Tod hin. »Du hast zu mir
gesagt, dass du 500 Menschenleben aus Damaskus holst. Ich
habe aber vernommen, dass 5000 Menschen gestorben sind.
Also, was sagst du dazu, Tod?« Der Tod schüttelte lächelnd
den Kopf. »Ich habe, wie ich es dir gesagt habe, 500 Menschenleben geholt. Die anderen 4500 Menschenleben hat die
Angst genommen!«

Jaja, Angst kann ebenso tödlich sein wie Vereinsamung!
Sie sehen also, wir haben Ihnen nicht zu viel versprochen.
Wie Vereinsamung versetzt auch Angst den Organismus in
einen permanenten Stresszustand, was durch die Reduktion
der Immunabwehr zu einer Anfälligkeit gegenüber Krankheiten aller Art führen kann. Also, Leiden in Hülle und
Fülle. Vielleicht fragen Sie sich, was es braucht, um Angst
fördern zu können? Gut. Zum besseren Verständnis wieder
etwas Grundlagenwissen:

Wenn ein Mensch zur Welt kommt, kennt er grundsätzlich nur zwei Arten von Ängsten: die Angst vor großen
Höhen und die Angst vor plötzlichen lauten Geräuschen.
Alle anderen Ängste werden erst mit der Zeit erlernt. Dafür
verantwortlich sind die Spiegelneuronen. Was heißt das?
Nehmen wir doch noch einmal das Beispiel der Spinnen-
angst her. Folgendes Szenario: Ein kleines Kind sitzt mit seiner Mutter auf dem Boden. Plötzlich krabbelt eine Spinne
auf das Kind zu. Das Kind betrachtet zuerst neugierig dieses
unbekannte Wesen. Dann nimmt es Blickkontakt mit der
Mutter auf. Sieht das Kind in den Augen der Mutter Angst,
so speichert es diese Erfahrung ab: Spinne = Gefahr. Wenn
das Kind das nächste Mal eine Spinne sieht, reagiert es so

wie bei der Mutter beobachtet, nämlich angstvoll – und beginnt zu weinen.

Schön und gut, werden Sie nun einwenden, nun wissen Sie zwar, woher viele Ihrer Ängste stammen. Das beantwortet aber noch nicht die Frage, was Sie nun tun können, um Ihre Angst zu mehren. Wir bewundern Ihren Tatendrang! Alle Achtung! Ein mieses Leben fällt schließlich nicht einfach vom Himmel, da haben Sie völlig recht!

Lachen gilt nicht!

Daher wollen wir Ihnen, geschätzte Leserschaft, zwei elementare Grundhaltungen vermitteln, die für das Aufrechterhalten und Vermehren von allerlei Ängsten von großer Bedeutung sind:

Zum einen ist es von größter Wichtigkeit, dass Sie das, was Ihnen Angst macht und was Sie befürchten, auch immer und jederzeit sehr ernst nehmen. Niemals darüber lachen! Unter gar keinen Umständen dürfen Sie Ihre Ängste und Befürchtungen ins Lächerliche ziehen! Nicht umsonst warnt ein weises Sprichwort: »Der Teufel fürchtet nichts so sehr, als dass man ihn auslachen könnte.« Worüber Sie mehr und mehr lachen, das können Sie unmöglich weiterhin sonderlich fürchten, also probieren Sie es erst gar nicht.

Im Buch »Harry Potter und der Gefangene von Askaban«[12] müssen die Zauberschüler aus einem Kasten das hervorzaubern, was Sie am meisten fürchten, und es anschließend lächerlich zaubern. Ron Whisley, ein Freund von Harry, zaubert eine riesige Spinne hervor und erstarrt zuerst förmlich vor Angst. Nachdem ihn der Lehrer aufgefordert hat, diese Spinne lächerlich zu zaubern, hebt Ron den Zauberstab und verpasst der Spinne Rollschuhe an ihren acht Beinen. Die Spinne torkelt nun umher und fällt unter dem Lachen der Zauberschüler und Ron immer wieder hin. Nix mehr fürchten.

Eine oft recht wirksame Übung, was zum Beispiel die Angst gegenüber Autoritäten angeht, ist, sich diese einfach nackt oder mit einem großen Rüssel vorzustellen. Den übergewichtigen Chef mit seinem dicken Bauch und seinem winzigen Gemächt – bei so einem Bild wird das Fürchten gleich deutlich schwieriger, nicht wahr? Nicht, dass es für unser Projekt von Belang wäre …

Also noch einmal: Bleiben Sie Ihren Ängsten gegenüber ernst. Nicht lachen! Auch nicht das leiseste Lächeln! Sich zu fürchten ist schließlich eine ernste Angelegenheit. Sie wollen doch sicherlich nicht all Ihre Fortschritte zur Erlangung eines miesen Lebens gefährden, mit albernem Gelächter über Ihre Ängste!

Die zweite Grundhaltung ist wohl eine der wichtigsten Säulen überhaupt für ein leidvolles Leben: Richten Sie den Fokus Ihres Bewusstseins stets in die Zukunft! Es ist völlig egal, ob diese Zukunft in fünf Minuten, fünf Monaten oder in fünf Jahren gesehen wird, blicken Sie bloß nur nicht auf das *Jetzt*! Leben Sie stets im *Dann*! Angst braucht fast immer ein *Dann*.

Am Beispiel unserer Klientin Theresa können wir das recht schön beobachten: Sie projiziert ihre Angst vor Krankheit und Virusinfektion in ein *Dann*. In eine von ihr kreierte Zukunftsangstvision. Das hat zwangsläufig zur Folge, dass sie nicht mehr über ihren »Sicherheitsbereich« hinausgeht. Wir, die Autoren, sind der festen Überzeugung, dass es kaum etwas gibt, was das Leben mehr zum Stillstand bringt, als die eigenen, verinnerlichten Ängste in die Zukunft zu projizieren. So können Sie, werte Leserschaft, Stück für Stück

Ihre eigene private Hölle erschaffen. Eine Hölle, die Ihnen keiner nehmen kann, solange Sie nur treulich an diesem Verhalten festhalten. Des Menschen Wille ist sein Himmelreich. Oder eben sein Höllenschlund.

Was wir daraus lernen

- Wenn Ihr Therapeut für Sie singt, haben vielleicht nicht nur Sie selbst einen an der Klatsche.

- Wer braucht schon das Heute, wenn er auch morgen leben kann?

- Denken Sie immer nur tüchtig an das, was vielleicht morgen oder auch erst in einem Jahr passieren könnte, denn Sie wissen ja, dass man sich am besten fürchten kann, wenn man immer auf das schielt, was da einst vielleicht kommen könnte. Dass im Augenblick alles ganz wunderbar ist, muss ja nun wirklich nichts bedeuten.

- Ständig Kacke in der Hose, hält geschmeidig und warm.

Kapitel 9

FÜHLE DICH SCHULDIG!

Gustav, 71 Jahre alt, hat eben Platz genommen. Nach vorne gebeugt stützt er sich mit den Unterarmen auf den Ober- schenkeln ab. Sein spärliches Haar ist zerzaust und dunkle Ringe unter den Augen vermitteln ein Bild von Niederge- schlagenheit und Schwermut. Gustav kommt wegen schon viele Jahre andauernder Depressionen zum Erstgespräch. Der Therapeut betrachtet sein Gegenüber einen Moment lang und beginnt das Gespräch. »Nun, Gustav, was kann ich für Sie tun?«

Der Angesprochene sieht den Therapeuten müde an. »Was Sie für mich tun können?«, wiederholt Gustav lang- sam. »Tja, wissen Sie, allein das ist für mich schon eine schwierige Frage. Seit Jahren stelle ich mir jeden Morgen die gleiche Frage, nämlich, ob ich meinem jämmerlichen Leben nicht endlich ein Ende setzen soll. Doch irgendetwas hält mich immer wieder davon ab. Vielleicht ist es meine Feig- heit, den letzten, endgültigen Schritt zu gehen. Ehrlich gesagt weiß ich nicht einmal, ob ich mir helfen lassen will. In der Vergangenheit habe ich versucht, mit Hilfe von allem mögli- chen Firlefanz mein erbärmliches Leben weiterzuführen. Sei es nun mit verschiedenen Pillen, Alkohol, Drogen, exzessivem Sexleben mit Prostituierten, schlussendlich hat es mein Grundgefühl nur sehr kurzfristig und marginal verändert.«

Der Therapeut macht sich Notizen. »Und wie würden Sie dieses unveränderliche Grundgefühl, wie Sie es nennen, beschreiben?«

Gustav lächelt müde. »Das ist nicht sonderlich schwer und wohl mit einem Wort zu beschreiben: schuldig. Ich fühle mich schuldig. Schuldig bis ins Mark.«

Der Therapeut nickt verständnisvoll. »Haben Sie denn eine Idee, woher dieses Schuldgefühl rührt?«

»Ob ich eine Idee habe?«, wiederholt Gustav erneut. »Oh ja, die habe ich. Das Gefühl des Schuldigseins begleitet mich, solange ich denken kann.« Der Therapeut nickt erneut und wartet.

»Ich bin ein Bastard, müssen Sie wissen«, fährt Gustav schließlich fort, »ganz einfach nur ein Bastard.« Der Therapeut sieht Gustav fragend an.

»Meine Mutter war Dienstbotin bei einem reichen Gutsherrn. Irgendwann bekam der Herr dann mal Lust auf ein kleines Tête-à-Tête mit meiner Mutter. Als sich herausstellte, dass sie schwanger war, hat sie der Gutsherr kurzerhand hinausgeschmissen. Ein feiner Mann, mein Herr Papa! Meine Mutter brachte mich in einer armseligen Behausung auf dem Land zur Welt. Jaja, das waren Zeiten, damals nach dem Krieg! Nichts zu fressen und in einer Baracke hausen. Solange ich zurückdenken kann, hat meine Mutter mich für ihr mieses Leben verantwortlich gemacht. ›Du bist schuld, dass ich so ein beschissenes Leben habe! Wenn ich dich doch nur weggemacht hätte!‹, waren ihre Worte immer und immer wieder.«

Der Therapeut schüttelt den Kopf. »Das muss wirklich schlimm gewesen sein für Sie.«

»Oh ja, das war es. Und ist es immer noch«, antwortet Gustav traurig. »Schuldig, euer Ehren!« Schweigen. »Nicht genug, dass mich meine Mutter wie einen Aussätzigen behandelt hat«, fährt Gustav fort, »die Leute im Dorf haben mir schnell gezeigt, wo mein Platz ist. Nämlich beim Ungeziefer, bei den Ratten. Wenn in der Schule irgendjemand etwas ausgefressen hatte, dann war für die Lehrer sofort klar, wer wohl der Schuldige gewesen sein musste! Natürlich der Bastard! Schlimmer noch der Herr Pfarrer, der an alle Heiligenbildchen ausgeteilt hat, nur ich habe keines bekommen! An mich hat er nur reichlich mit dem Rohrstock ausgeteilt, um mir meine vielen Sünden auszutreiben! Jaja, außen hui – innen pfui.«

Erneut schüttelt der Therapeut den Kopf. »Sie hatten wirklich niemanden, was?«

Gustav lächelt bitter. »Doch, ich hatte mir eine Ratte gezähmt. Sie war so etwas wie ein Freund für mich. Bis meine Mutter sie entdeckt und erschlagen hat.«

Der Therapeut streicht sich mit beiden Händen übers Gesicht. »Das war übel. Richtig übel.«

»Und so ist es letzten Endes immer geblieben«, fährt Gustav fort, »egal, wo ich in meinem Leben hinkam, schlussendlich war immer ich der Schuldige. Wissen Sie, ich bin an einem Punkt, wo ich den Menschen zurufen möchte: Okay, ihr habt gewonnen! Macht ihn doch endlich weg, den Bastard!«

Der Therapeut nickt verständnisvoll. »Sie sagen, die Welt hat Ihnen immer wieder bestätigt, dass Sie schuldig sind, dass Sie ein Bastard sind. Meine Frage: Könnten Sie denn etwas anderes glauben? Wenn Ihnen jemand sagen würde: Ich mag dich! Es ist gut so, wie du bist?«

Gustav schüttelt energisch den Kopf. »Alles nur Lügen! So jemand will mich nur ausnützen und dann wegwerfen!« Schweigen.

»Es gibt einen alten Spruch, der lautet: Nichts ist innen, nichts ist außen, ist's nicht drinnen, ist's nicht draußen.«

Gustav lehnt sich zurück, schlägt die Beine übereinander und verschränkt die Arme. »Und das heißt für mich?«

Der Therapeut legt seine Schreibutensilien auf den Tisch. »Das bedeutet, dass Sie, wenn Sie keine anderen, positiven Bilder in sich tragen, auch keine positiven Entsprechungen im Außen sehen können. Sie sind doch ein wandelndes Beispiel dafür. Innen fühlen Sie sich schuldig, daher finden Sie sehr schnell im Außen die Entsprechungen, dass dies auch wahr ist. Man könnte also sagen, dass ein Kernstück, wenn nicht sogar das Herzstück Ihrer Identität die Schuld ist. Haben Sie sich denn schon einmal die Frage gestellt, wer Sie sind, wenn Sie nicht mehr schuldig sind, wenn Sie nicht mehr der Bastard sind?«

Gustav sieht den Therapeuten verwirrt an und seine Kinnlade klappt förmlich nach unten.

Schweigen. »Ein ... Niemand?«, flüstert er leise.

Vater, ich habe gesündigt

Liebe Leserin und lieber Leser, wir wollen uns in diesem Kapitel einem wahren Kleinod zuwenden, nämlich den Schuldgefühlen.

Und seien wir ehrlich, könnte es in dieser Angelegenheit einen besseren Lehrmeister geben als die christlichen Glaubensgemeinschaften? Allen voran die katholische Kirche? Schon bei den protestantischen Glaubensgemeinschaften haben ein Calvin oder ein Zwingli dafür gesorgt, dass man sich schon allein dafür, dass man einen Körper hatte, kräftig schuldig fühlen durfte. Jede Berührung unterhalb der Gürtellinie, sei es nun bei sich selbst oder bei jemand anderem, war bereits potenziell sündhaft. Doch die wahren

Meister, wenn es darum ging, sich ausgiebig schuldig zu fühlen, waren in der katholischen Kirche zu finden. »Wenn die Münze in dem Kasten klingt, die Seele aus dem Fegefeuer springt«, lautete ein recht beliebtes Sprüchlein aus der Zeit des Ablasshandels. Nach diesem schönen Prinzip schmoren die lieben – aber allesamt schuldhaften – Seelen der verstorbenen Anverwandten im Fegefeuer. Doch Gott sei es gedankt, mit klingender Münze an den Klerus tut sich ihnen ein Türchen auf.

»Ich habe gesündigt, in Gedanken, Worten und Werken. Durch meine Schuld, durch meine Schuld, durch meine große Schuld …« So heißt es im Schuldbekenntnis, das bis heute fleißig in katholischen Kirchen gebetet wird. Allesamt sind wir demnach durchwirkt von wahrhaft großer Schuld!

Besonders wertvoll erscheint uns Autoren die Passage »gesündigt in Gedanken«. Denn mit unseren Gedanken ist es so eine Sache. Die Hirnforschung lehrt, dass uns in 24 Stunden zirka 60.000 bis 80.000 Gedanken durch den Kopf wabern. Davon ist uns aber nur ein kleiner Teil überhaupt bewusst. Die allermeisten dieser zigtausenden Gedanken sind so etwas wie ein Hintergrundrauschen eines schlecht eingestellten Radios, also weitgehend sinnfrei. Hinzu kommt noch, dass, wenn wir die Logik von diversen Glaubensgemeinschaften verwenden, ein Grundmaß an Bewusstsein und freiem Willen gegeben sein muss, um auch wirklich als schuldfähig zu gelten. Soweit wir wissen, werden Sie, werte Leserin und werter Leser, selbst von einem staatlichen Gericht nicht verurteilt, wenn Sie, während Sie schlafwandeln, eine Sachbeschädigung begehen. Nun dürfen Sie sich sogleich die Frage stellen, wie viel freien Willen Sie bezüglich Ihres Denkens haben. Sie meinen, Sie können Ihr Denken gestalten, wie Sie wollen? Ach ja? Gut, dann hören Sie doch jetzt einmal fürs Erste mit dem Denken auf. Sagen wir, eine halbe Stunde. Das ist zu lang? Eine Viertelstunde? Drei Minuten? Was, geht auch nicht? Sie können sich noch so sehr bemühen, das eigene Denken abzustellen, es gelingt Ihnen nicht – nicht einmal für eine Minute, nicht wahr?

Doch hier kommt nun die gute Nachricht, was unser gemeinsames Projekt eines miesen Lebens angeht: Sie brauchen sich nur eine Zeit lang, zum Beispiel für zwei Monate, der Überzeugung hinzugeben, dass Sie beispielsweise schuld daran sind, dass Ihre Kinder vielleicht nicht perfekt geraten sind; oder dass Sie so neidvolle Gedanken gegen Ihre Kollegen hegen, dass Sie andauernd notgeil sind; oder dass Sie den Geboten Ihrer Kirche nicht genügen können ... und vieles andere mehr.

Genau das denken Sie nun immer wieder, zwei Monate lang, das reicht völlig aus. Denn nach dieser doch relativ kurzen Zeitspanne gehen Denkmuster bereits in den Gewohnheitsmodus über. Das heißt, Sie brauchen sich dann gar nicht mehr groß darum zu bemühen, dass dieses zarte Schuldpflänzlein zu einem stattlichen Baum in Ihnen heranwächst. Das menschliche Gehirn strebt danach, möglichst in einem Gewohnheitsmodus zu arbeiten, weil es darin wesentlich weniger Energie verbraucht. Aus der Sportwissenschaft wissen wir, dass neue Bewegungsabfolgen circa sechs bis acht Wochen wiederholt werden müssen, bis sie als neue Gewohnheit verinnerlicht werden. Nun, bei mentalen Überzeugungen verhält es sich ähnlich. Wie Sie, werte Leserschaft, am Beispiel von Gustav sehr schön nachvollziehen können, wird eine solche Überzeugung von Schuld alsbald zu einem festen Teil der eigenen Identität.

Um das Verständnis dafür noch weiter zu vertiefen, hier eine kleine und frei nacherzählte Geschichte aus dem Buch »Wer bringt das Pferd zum Fliegen« von Anthony de Mello:[13]

Ein Mann und eine Frau lebten einige Jahre in trauter ehelicher Zweisamkeit. Eines Tages wurde die Frau krank. Ihr Gesundheitszustand verschlechterte sich zusehends. Schließlich, als sie im Sterben lag, sagte sie zu ihrem Mann: »Versprich mir, dass du, wenn ich gestorben bin, keine andere Frau mehr heiratest! Sonst werde ich als Geist wiederkehren!« Der betrübte Mann versprach ihr hoch und heilig, keine Frau mehr zu ehelichen. Alsbald starb die Frau. Der Mann trauerte aufrichtig monatelang um sie. Doch irgendwann, wie es eben der Zufall so will, lernte er eine andere Frau kennen und lieben. Schließlich heirateten die beiden. Als der Mann in der Hochzeitsnacht in die Küche ging, um etwas zu trinken zu holen, saß da der Geist seiner verstorbenen Frau und sah ihn stumm mit vorwurfsvollen Augen an. Der Mann erschrak heftig und fühlte sich sogleich zutiefst schuldig. So ging das nun Woche für Woche, Monat für Monat. Schließlich war der Mann dermaßen verzweifelt, dass er Rat bei einem Geistlichen suchte. Er erzählte ihm seine Leidensgeschichte. Der Geistliche fragte: »Woher weißt du, dass es ein Geist ist?« Der zerknirschte Mann rief: »Weil sie absolut alles weiß, was ich denke oder fühle!« Der Geistliche überlegte. Schließlich stand er auf und gab dem Mann einen Topf mit Linsen, der verschlossen war. »Du darfst in den Topf nicht hineinschauen. Wenn heute Nacht der Geist kommt, dann frag ihn: »Geist, der du alles weißt, sag mir doch, wie viele Linsen im Topf sind!«

Der Mann ging dankbar mit dem Linsentopf nach Hause. Als in dieser Nacht der Geist erschien, tat der Mann, wie ihm der Geistliche geraten hatte. Er fragte ihn: »Geist, der du alles weißt, wie viele Linsen sind im Topf?« Puff, machte es und der Geist war verschwunden und kam nie wieder. Tage später suchte der Mann den Geistlichen auf und gab ihm den Linsentopf zurück. »Warum ist der Geist verschwunden?«, fragte er schließlich den Geistlichen. »Nun, das liegt wohl daran, dass der Geist nur wusste – was du wusstest!«

Na, ist das nicht wunderbar? Wenn Sie nur Ihre Schuldhaftigkeit ausreichend verinnerlicht haben, dann werden die Schuldgespenster, die daraus erwachsen, Sie, werte Leserin und werter Leser, plagen und peinigen bis ans Ende

Ihrer Tage! Natürlich dürfen Sie nicht wie der Mann in der Geschichte zu reflektieren beginnen, denn das wäre Ihrer Geisterwelt und dem Projekt eines miesen Lebens äußerst abträglich.

Wenn Sie die ganze Bandbreite von Schuldhaftigkeit für tiefe und existenzielle Leidenserfahrungen nutzen möchten, so genügt es nicht, sich nur hin und wieder schuldig zu fühlen. Vielmehr müssen Sie sich ganz und gar mit der Schuld identifizieren! Sie muss förmlich so etwas wie eine zweite Haut für Sie werden, ein zentraler Teil Ihrer Identität. Unsere Identität besteht und entsteht ja dadurch, worüber und womit wir uns mittel- und langfristig identifizieren, bewusst und unbewusst. Diese »Schuldidentität« ist natürlich umso stabiler und massiver, je früher einem Menschen dieses »Schuldigsein« eingeimpft und eingebläut wird. Wie Sie bei dem tragischen Schicksal von Gustav leicht nachvollziehen können, ist ihm seine Schuldhaftigkeit zu einer völligen Selbstverständlichkeit geworden. Viele Menschen, die in ihrer Kindheit misshandelt oder missbraucht wurden, werden nicht selten ihr ganzes Leben von einem nagenden Schuldgefühl geplagt. Sie werden von Gedanken beherrscht wie: Ich habe als Kind irgendwann etwas ganz Schlimmes gemacht, woran ich mich nicht mehr erinnern kann. Und darum wurde ich von meinen Eltern (oder anderen wichtigen sozialen Bezugspersonen) so schlecht behandelt.

Sie sehen also, liebe Leserin und lieber Leser, Sie können (und werden), wenn Sie sich nur lange genug der Überzeugung hingeben, schuldig zu sein, so etwas wie eine Brille mit »Schuldtönung« erschaffen. Damit wird es Ihnen möglich sein, immer häufiger in Ihrem alltäglichen Leben, Ihrer Zukunft und auch in Ihrer Vergangenheit Entsprechungen zu erkennen, dass Sie schuldig sind! Wie der Mann mit den Linsen werden Sie Schuldgespenster ohne Zahl erschaffen und sie für wahr und wirklich halten. Und wenn Sie in Ihrem aktuellen Leben gerade einmal nichts finden, worauf Sie Ihre

Schuldigkeit projizieren können, so können Sie immer noch das oben beschriebene Verhalten anwenden und einfach annehmen, dass Sie den Grund Ihrer Schuldhaftigkeit zwar vergessen haben, aber dass es auf jeden Fall etwas gaaanz Schlimmes gewesen sein muss, womit Sie Schuld auf sich genommen haben.

Schuld – Stoff für die Ewigkeit

Das Thema der Schuld beschäftigt die Menschen seit jeher. In den Mythen der Völker auf der ganzen Welt wimmelt es nur so von Geschichten, in denen es um Schuld geht. Ödipus, der sich die Augen aussticht und von Rachegöttinnen verfolgt wird, nachdem er erkannt hat, dass er seine Mutter geheiratet hat; der germanische Gott Loki, der immer wieder mal von den anderen Göttern aus Asgard, dem Götterhimmel der Germanen, geworfen wird, weil er seiner Natur als Trickser folgt und diverse Gottheiten an der Nase herumführt; Eva, die der Schlange auf den Leim geht; Kain, der seinen Bruder Abel erschlägt, weil die Mama den Abel lieber hat; Luzifer, der wie Gott sein möchte und sich damit gegen Jahwe versündigt; oder dessen griechisches Pendant Prometheus, der den Göttern das Feuer geklaut und den Menschen geschenkt hat und zur Strafe an den Kaukasus gekettet worden ist.

Solange wir Menschen in der Welt der Polaritäten leben, ist es unsere Bestimmung, immer wieder schuldig zu werden. Ganz wunderbar kann man dies an der Geschichte von Adam und Eva und dem »Sündenfall« sehen. Zu Beginn steht der Baum des Lebens im Mittelpunkt des Paradieses. Das Menschenpaar lebt in völliger Unbewusstheit in Einheit mit Natur und Gott. Erst durch das Angebot der Schlange, der Zwietrachtsäerin, zu erkennen, was gut und was böse ist (gleichsam die erste Polarität), gleiten Adam und Eva in die Welt der Gegensätze. Dann wird aus dem Baum des Lebens der Baum der Erkenntnis von Gut und Böse. Jetzt erst erkennen Adam und Eva, dass sie nackt sind. Wie oben bereits erwähnt, ist Luzifer das Pendant von Prometheus, der den Menschen das Licht des Bewusstseins gebracht hat. Luzifer, der Lichtbringer, wird zum Diabolus, was übersetzt (neben vielen anderen Bedeutungen) »der Entzweier« heißt; er wird der große Spaltpilz. Und schon ist Schluss mit dem schönen Paradies. Wer also war schuld? Luzifer, der die Erkenntnis brachte? Die Schlange? Eva, die in den Apfel biss? Adam, der sie nicht daran gehindert hat? Sie allesamt, eben weil sie damit das Spiel der Gegensätze, der Dualitäten in Gang setzten?

In vielen Mythen rund um die Erdkugel gibt es Geschichten über ein goldenes Zeitalter, in dem Milch und Honig flossen, ein Schlaraffenland, wo einem die Nahrung quasi ins Maul sprang. Nun, es hat auch in unserem Leben einmal ein solches Zeitalter gegeben. Sie können sich nicht daran erinnern? Das wäre auch erstaunlich, denn wir sprechen von unserer Zeit im Mutterbauch. Da ist uns sprichwörtlich die Nahrung zugeflossen und wir selbst waren in einem Zustand völliger Unbewusstheit. Selbst wenn wir unsere Mutter getreten haben, so sind weder wir noch unsere Mutter auf die Idee gekommen, uns schuldig zu fühlen bzw. uns für schuldig zu erklären. Erst mit der Entwicklung eines eigenen Egos beginnen Aspekte wie *Mein* und *Dein*, *Ich* und *Du*, *Gut* und *Böse* eine Rolle zu spielen. Doch seien Sie beruhigt, auch das wird vorübergehen. Wenn wir Jahrzehnte später, vielleicht völlig dement, in einem Rollstuhl sitzen, dann wird sich dieses Ego wieder verflüchtigt haben und damit auch die Wichtigkeit von *Dein* und *Mein*, *Gut* und *Böse*. Auch die Frage nach der Schuld wird keinerlei Rolle mehr spielen.

Aber solange Sie Ihre fünf Sinne noch beieinanderhaben und erkennen können, wie sehr Sie ständig Schuld auf Ihre Schultern laden, sollten Sie das bitte auch tun. Und sollten Sie vergessen haben, wie das am besten gelingt, hier noch einmal unser wertvollster Tipp: Sie werden sich nur dann so richtig ausgiebig schuldig fühlen, wenn Sie sich mit dieser Überzeugung des Schuldigseins *identifizieren*.

Sollte Ihnen der Zustand des Schuldigseins einmal gar zu mühselig werden, dann können Sie, werte Leserschaft, es immer noch so halten wie der Bischof in unserer abschließenden und frei nacherzählten Geschichte von Anthony de Mello[14] aus dem Buch »Warum der Schäfer jedes Wetter liebt«:

Der Bischof kam zur Pfarrvisitation. Nachdem ihn der Pfarrer durch seine Pfarre begleitet hatte, verlangte es den Bischof schließlich noch, in der Kirche haltzumachen. Der Bischof ging gemäßigten Schrittes zum Hochaltar. Dort kniete er nieder und rief: »Herr, ich bin ein Sünder, erbarme dich meiner!« Der Pfarrer, der neben ihm stand, ging sogleich ebenfalls auf die Knie und rief: »Oh weh, ich bin ein Sünder, Herr, erbarme dich!« Der Küster, der verlegen beim Seitenaltar stand, wollte den beiden nicht nachstehen und beugte ebenfalls die Knie, schlug sich an die Brust und rief: »Auch ich bin ein Sünder, hab Erbarmen, oh Herr!« Der Bischof stieß den Pfarrer an und raunte ihm lächelnd zu, indem er auf den Küster deutete: »Nun sehen Sie mal, wer da meint, er sei ein Sünder!«

Was wir daraus lernen

◆ Der Mensch ist ein Sünder und Sie sind ganz sicher keine Ausnahme.

◆ Gießen Sie mit schöner Regelmäßigkeit Ihr Schuldpflänzlein und flugs wächst ein stattlicher Baum heran.

◆ Sollten Sie Ihre Schuld aus Kindertagen vergessen haben, seien Sie versichert: Sie war jedenfalls enorm und derart schlimm, dass Sie bis zu Ihrem letzten Atemhauch auf Ihnen lasten wird.

Kapitel 10

HURRA, ICH BIN EIN OPFER!

Gerda, 39 Jahre alt, sieht mit zornigem Blick von ihren Mitschriften auf. Ihre Augen verengen sich zu zwei schmalen Schlitzen. »Dieser widerliche Kerl!«, murmelt sie und umfasst dabei ihren Stift wie einen Knüppel. Der Therapeut zieht fragend die Augenbrauen hoch. »Wen meinen Sie?«

Gerda fixiert ihren Stift und es scheint, als habe sie die Frage nicht gehört. »Es ist doch immer wieder dasselbe«, flüstert sie kaum hörbar, »alle Männer sind Schweine.« Schweigen. »Fast alle!«, bemüht sie sich rasch hinzuzufügen, »Anwesende ausgenommen …«

»Gerda, was ist passiert?«, fragt der Therapeut erneut. Gerda sieht ihn etwas verwirrt an, als sei sie aus einem Traum erwacht. »Ach, ich denke mal wieder an Gerhard, diesen gemeinen Kerl!«

Der Therapeut kratzt sich am Hinterkopf. »Meinen Sie den Mann, der Sie mehrfach verprügelt hat und Ihnen einmal den Arm und ein andermal drei Finger gebrochen hat?«

Gerda nickt und greift unwillkürlich an ihren Unterarm.

»Was ist mit ihm?«

»Ach nichts, ich denke nur oft an ihn. Und dass er mich wegen dieser Schlampe sitzen lassen hat.«

Der Therapeut macht große Augen. »Möchten Sie allen Ernstes diesen Mann zurückhaben, nach all dem, was er Ihnen angetan hat?«

Gerda zuckt mit den Achseln und senkt den Kopf. »Ich weiß auch nicht, er fehlt mir irgendwie. Das mit den Schlägen, das hab ich ihm längst verziehen. Er ist halt sehr reizbar, wenn er getrunken hat.«

»Was, wie Sie mir erzählt haben, fast ständig der Fall war«, erwidert der Therapeut und fühlt allmählich Groll in sich aufsteigen. »Dieses Verhältnis ist doch schon seit mehr als drei Jahren beendet. In der Zwischenzeit hatten Sie zwei weitere Beziehungen, mit sehr ähnlichem Verlauf, wie ich meine. Auch diese beiden Männer haben Sie mehrfach windelweich geprügelt. Wo ist der Unterschied?«

Gerda macht eine abschätzige Handbewegung. »Ach, Fritz und Karl, die habe ich nicht wirklich geliebt. Die habe ich wohl an Land gezogen, weil ich Angst vor dem Alleinsein hatte. Aber Gerhard, den habe ich geliebt. Es war eine leidenschaftliche Liebe!«

Der Therapeut lächelt säuerlich. »Wobei ich die Betonung stark auf ›Leiden‹ legen würde. Vier gebrochene Knochen, Frauenhaus, Wegweisung, wieder Krankenhaus. Das möchten Sie ernsthaft noch einmal haben?«

»Vielleicht hat er sich ja geändert!«, ruft Gerda fast flehentlich. »Was wird denn jetzt aus mir?«

Der Therapeut macht sich Notizen. »Das klingt ja fast so, als ob Sie ohne einen Mann an Ihrer Seite nicht lebensfähig wären. Oder wie sehen Sie das?«

Gerda vergräbt ihr Gesicht in ihren Händen. »Ach, ich weiß nicht. Ich weiß nicht, was ich wollen soll! Wer bin ich schon! Was kann ich schon!«

Der Therapeut lehnt sich zurück. »Mir fällt da ein

Sprichwort ein: Wenn du glaubst, dass du zu klein bist, etwas zu verändern – versuch mal mit einer Mücke im Zimmer zu schlafen.«

Gerda lächelt gequält. »Darum schlagen wohl die Männer so häufig nach mir! Ich bin nur eine Mücke ...«

Wieder spürt der Therapeut Groll in sich aufsteigen. »Sehen Sie, sogar dieses Sprichwort, das darauf hinweist, dass selbst die kleinsten und scheinbar unbedeutendsten Wesen ein oft beträchtliches Maß an Selbstwirksamkeit haben, sogar aus solch einer Botschaft formen Sie für sich die Erkenntnis, dass Sie ein unbedeutendes, hilfloses Insekt sind. Und das wiederum kann immer wieder dazu führen, dass Sie auch so behandelt werden.«

»Na ja, mieses Karma eben«, antwortet Gerda lakonisch.

»Glauben Sie an Karma? Beziehungsweise was meinen Sie damit?«, fragt der Therapeut.

»Dass ich wohl in einem früheren Leben Mist gebaut habe«, antwortet Gerda knapp.

Der Therapeut hält inne und denkt nach. »Ich habe vor einiger Zeit ein Buch gelesen mit dem Titel ›Mieses Karma‹. Ein Roman, in dem eine Frau als Ameise in einem Ameisenbau wiedergeboren wird. Dort trifft sie auf Casanova, der bereits seit 300 Jahren immer wieder als Ameise wiedergeboren wird. Der Grund, warum er auf dem Rad der Wiedergeburt nicht vorankommt, ist, dass er in all seinen Ameisenleben ständig die gleichen Verhaltensmuster wiederholt.«

»Sie finden also auch, dass ich eine Ameise bin? Ein Insekt?«, fragt Gerda vorwurfsvoll.

Der Therapeut schüttelt den Kopf. »Nein, keineswegs, nichts dergleichen. Aber Ihre Frage passt gut zu dem, was ich Ihnen vermitteln möchte: Sie sind in Ihrem Leben schon unzählige Male Opfer von allen möglichen Widrigkeiten geworden. Möglicherweise sind Sie, wie Sie es schon in der Vergangenheit des Öfteren an Ihrer Mutter bemängelt haben, unbewusst auf *Opferschaft* programmiert. So wie Töchter von Alkoholikern mit fast schlafwandlerischer Sicherheit Partner finden, die ebenfalls trinken.«

»Sie meinen also auch, dass ich ein Opfer bin?« Gerdas Stimme klingt vorwurfsvoll.

Erneut spürt der Therapeut einen heftigen Zornimpuls in sich aufsteigen. »Ich meine nichts dergleichen!«, ruft er mit einem hörbar ärgerlichen Unterton. Er atmet einige Male tief durch, um sich zu entspannen. »Vielleicht kann ich es Ihnen anhand einer Geschichte verdeutlichen. Sie stammt von Anthony de Mello[15] aus dessen schönem Buch ›Warum der Schäfer jedes Wetter liebt‹ und lautet in etwa so:

Vor einiger Zeit wurde ein Löwe gefangen. Man brachte ihn in ein Lager, in dem bereits andere Löwen lebten – und das seit vielen Jahren. Nicht wenige waren sogar schon dort geboren. Allmählich lernte er die verschiedenen sozialen Lebensarten der Lagerlöwen kennen. Da gab es die verschiedensten Gruppierungen. Eine Gruppe bestand aus Gesellschaftslöwen, eine andere Gruppe versuchte sich im Showbusiness. Wieder andere pflegten Bräuche und Traditionen, um die Geschichte zu bewahren, in der die Löwen noch in Freiheit lebten. Es gab auch religiöse Löwengruppen, die herzzerreißende Lieder vom künftigen endlosen Dschungel ohne Zäune sangen. Einige Gruppen interessierten sich für Kunst und Literatur. Und da gab es auch die revolutionären Gruppen, die gegen andere Splittergruppen kämpften oder sich gegen die Wärter verschworen. Dann kam es von Zeit zu Zeit zu einer Revolution, in der bestimmte Gruppierungen ausgelöscht wurden. Irgendwann bemerkte der Neuankömmling einen Löwen, der offenbar anders war und die Gruppen weitgehend mied. Er wurde von den anderen mit einer Mischung aus Bewunderung und Feindseligkeit bedacht, denn er rief bei ihnen Angst und Selbstzweifel hervor. Dieser Löwe sagte zu dem Neuankömmling: ›Es ist besser, wenn du dich keiner dieser Gruppen anschließt. Diese Dummköpfe kümmern sich nicht wirklich um das Wesentliche.‹ – ›Und das wäre?‹, fragte der Neuankömmling. – ›Über die Beschaffenheit des Zaunes nachzudenken!‹«

Die Geschichte ist fertig erzählt und der Therapeut schweigt.

»Und ich bin auch so eine arme Närrin!«, platzt es schließlich aus Gerda heraus. »Ein Opfer und eine Närrin, die zu blöd ist, irgendetwas zu kapieren!«

Der Therapeut hat alle Mühe, die Fassung zu bewahren. »Der Zaun steht für Ihre mögliche Opferprogrammierung, die Sie Ihr ganzes Leben lang gefangen hält!«

Gerda kramt hastig ihre Unterlagen zusammen und steht auf. »Netter Versuch!«, ruft sie zornig. »Ihr Männer seid doch alle gleich!«

Und eilt hinaus.

Opferrolle lebenslang

Ja, ja, manchmal geht es auch in einer Psychotherapiepraxis ganz schön heftig zu. So einen Zornesausbruch würde man einem Menschen mit einem Opferkomplex eigentlich gar nicht zutrauen, nicht wahr? Aber – eins nach dem anderen.

Wie Sie, geschätzte Leserinnen und geschätzte Leser, natürlich schon während der Lektüre des vorherigen Kapitels völlig richtig erkannt haben, gehört zur Thematik Schuld fast zwangsläufig auch das Opferthema dazu, um unser Opus magnum eines miesen Lebens zu vervollkommnen. Es ist so etwas wie der zweieiige Zwilling der Schuld. Wenn man die Geschichte der Menschheit studiert, so kann man feststellen, dass das Opfern lange schon ein fester Bestandteil der menschlichen Rasse ist. Selbst heute noch werden in vielen religiösen Zeremonien und Ritualen Opferhandlungen vollzogen. Häufig ist der Zweck dieser Opfer, eine oder auch mehrere Gottheiten gnädig zu stimmen. Im Altertum mussten häufig diverse zornige oder beleidigte Gottheiten besänftigt werden, damit sie nicht alle möglichen Strafen über die ungezogenen Menschenkinder hereinbrechen ließen. Je höher der Wert des Opfers, desto eher wurden die cholerischen Damen und Herren Gottheiten wieder milde gestimmt. So hoffte man zumindest. Selbst die Anfänge der jüdisch-christlichen Kultur sind auf solche Überzeugungen gegründet. Zu Zeiten Abrahams war es noch in Mode, gelegentlich auch Menschenopfer darzubringen. Nun, das höchste Opfer, das ein Vater bringen konnte, war wohl, dass er sein eigenes Kind opferte. Getoppt wurde das nur, wenn es das einzige Kind war, der einzige Sohn gar, wie damals Isaak. Jahwe kam dann doch zur Einsicht, dass es ein Ziegenbock auch tat.

Auch wenn wir uns hier wiederholen, möchten wir Ihnen, geschätzte Leserschaft, nochmals den oben zitierten Spruch in Erinnerung rufen: Man sagt, Gott schuf den Menschen nach seinem Abbild. Doch ist es nicht gerade umgekehrt? War es nicht der Mensch, der Gott nach seinem Abbild schuf?

Sie werden sich vielleicht schon gefragt haben, warum wir so häufig religiöse Inhalte und Motive verwenden. Die Antwort ist, dass in vielen dieser religiösen Bilder archetypische Wirkkräfte der menschlichen Seele sichtbar gemacht werden können. Wie eben auch die Wirkkraft des Opfers. Hier müssen wir allerdings unterscheiden zwischen dem sinnstiftenden Opfer und dem Selbstbild vieler Menschen, immer wieder das Opfer verschiedenster widriger Begebenheiten und Umstände zu werden. Als scharfsichtige Beobachter ist Ihnen, werte Leserschaft, natürlich klar, dass das sinnstiftende Opfer für unser Projekt eines miesen Lebens völlig ungeeignet ist. Dennoch möchten wir gerade diesen

Aspekt noch etwas vertiefen, damit es nicht in Folge zu Irritationen oder Missverständnissen kommt: Wir alle mussten und müssen in unserem Leben immer wieder Opfer bringen. Sei es für das Vorankommen im Beruf, für die Familie, für einen tollen Body und für vieles mehr. Das Verständnis für diese Art Opfer impliziert einen inhärenten, oft höheren Sinn, wie zum Beispiel das Wohlbefinden der Kinder, der Familie oder die eigene Kleidergröße. Diese sinnstiftende Opferbereitschaft finden wir in allen Lebenslagen.

Für nicht wenige Menschen ist ihr eigenes Leben sogar ein einziges Opfer, das sie in der Hoffnung erbringen, im Jenseits dafür heftig belohnt zu werden. Sei es nun, um sich an zwölf Jungfrauen erquicken zu dürfen oder um auf einer Wolke die Saiten einer Harfe zu zupfen – in den Wünschen und Vorstellungen gehen die Geschmäcker dann doch etwas auseinander. Dieses Schielen ins Jenseitige bewegte Karl Marx wohl dazu, einen seiner bekanntesten Sätze zu formulieren: *Religion ist Opium für das Volk.*

Sie sehen also, die Grenze zwischen sinnstiftendem Opfer und einer Opferpersönlichkeit ist doch recht fließend, nicht wahr? Da gibt es auf der einen Seite göttlich-heroische Opfertaten, wo Odin drei Tage und Nächte mit dem Kopf nach unten am Weltenbaum Yggdrasil hängt und dabei ein Auge opfert, um Weisheit zu erlangen. Oder Jesus Christus, der sich gleich für die ganze Menschheit opfert, sapperlot! Schon sehr imposant, wie wir meinen. Und dann gibt es auf der anderen Seite Menschen wie eben Gerda, die unbewusst wie eine Löwin darum kämpft, ihre Opferidentität nicht aufgeben zu müssen. Sonst würde sie ja möglicherweise eine ähnlich unangenehme Erkenntnis gewinnen wie Gustav (das ist der ältere Herr aus dem Kapitel *Fühle dich schuldig*), dass sie ohne ihre Identität als Opfer auch ein Niemand sein könnte. Wenn sie sich nämlich die Frage stellen würde, wer und was sie denn ist, wenn sie nicht mehr Opfer wäre, wäre sie auch – ein Niemand?

Aggressionen unterdrücken

Dann schon lieber ein Opfer sein, nicht wahr? Im Sinne unseres Projekts eines miesen Lebens stellt sich nun die Frage, was es braucht, um auch auf dieser Ebene voranzukommen.

Wenden wir uns daher wieder Gerda zu, die es augenscheinlich schon weit gebracht hat, was die Identifikation mit der Opferrolle angeht. Vielleicht haben Sie sich, werte Leserinnen und Leser, schon gefragt, was Menschen an- bzw. umtreibt, dass sie sich scheinbar so bereitwillig als Opfer zur Verfügung stellen. Wie Sie am Beispiel von Gerda sehen können, wird eine große Ambivalenz sichtbar: Einerseits begibt sich diese Frau seit Jahren in psychotherapeutische Behandlung, um ihre Lebensumstände zu verbessern. Andererseits tendiert Gerda auch immer wieder dazu, in die alten und gewohnten Lebensumstände und Lebenshaltungen zurückzukehren. Wie kommt das? Einer der wohl wichtigsten Faktoren hierfür ist, dass die eigene Aggression so gut wie irgendwie möglich verdrängt und abgespalten wird. Das Wort Aggression kommt vom lateinischen »aggredere« und bedeutet so viel wie »an etwas herangehen, etwas anpacken«. Andererseits ist auch das Wort »gradus« mit aggredere verwandt, was Grenze bedeutet. Sie sehen also, diese »Aggredere-Energie« ist grundnotwendig, um einerseits Projekte anzupacken und andererseits sich auch abzugrenzen, insbesondere von Erwartungen anderer.

Wenn nun diese »Aggredere-Energie« über einen langen Zeitraum verdrängt wird, dann hat man sie zur eigenen Lebensgestaltung irgendwann nicht mehr zur Verfügung. Wie Gerda fühlt man sich dann immer unfähiger, etwas anzupacken oder sich abzugrenzen. Dem nicht genug, werden diese abgespaltenen Energien zunehmend als lähmend empfunden. Und es kommt noch besser! Diese Aggressionsenergien werden mehr und mehr projiziert, das heißt, die eigene Aggressivität wird mehr und mehr beim Gegenüber gesehen und vermutet.

Bei einem solchen Prozess entsteht eine Art Ping-Pong-Dynamik. Wie wir oben gesehen haben, begann sich der Therapeut als Gegenüber allmählich zornig zu fühlen, es kam zu Übertragung und Gegenübertragung, wie man im Fachjargon sagt. Wenn nun das Gegenüber nicht sonderlich reflektiert ist, wie eben die Expartner von Gerda, so werden diese über kurz oder lang aggressiv werden, sei es nun durch Worte oder eben auch durch Taten – ein wahres Füllhorn von neuen Leidensmöglichkeiten tut sich auf!

Doch selbst wenn Sie, werte Leserschaft, nicht sogleich das volle Drama von Gerda im Sinne von gewaltsamen Beziehungstragödien erfahren können, so hat das Negieren jeglicher Aggressionsimpulse den Benefit, dass auch Sie sich mehr und mehr gelähmt und handlungsunfähig erleben können. Sehen Sie, wie wunderbar sich allmählich der Kreis schließt? Wie wir Ihnen bereits im Kapitel *Emotionen? Lass sie bloß nicht raus!* sehr schön dargelegt haben, hat dieses Verdrängen der eigenen Aggressionsimpulse auch einen ungemein wirksamen Einfluss auf das »Opfersein«.

Im Märchen »Das kleine Mädchen mit den Schwefelhölzern« von Hans Christian Andersen wird dies sehr gut dargestellt: Ein Waisenkind stand an einem Wintermorgen in einer Stadt und verkaufte Schwefelhölzer. Dabei beobachtete es sehnsüchtig, wie Eltern mit ihren Kindern lachend vorbeigingen, um schließlich in ihren warmen Häusern zu verschwinden. Es war bitterkalt und das Waisenkind nur dürftig bekleidet. So stand es da, doch niemand kaufte Schwefelhölzer. Irgendwann kam das Waisenkind auf die Idee, ein Schwefelholz anzuzünden, um sich daran zu wärmen. Im Licht des brennenden Schwefelhölzchens sah es sich selbst am warmen Kamin und im Kreise einer Familie. Als das Schwefelhölzchen erlosch, zündete das Waisenkind sogleich ein neues an und träumte sich in eine schöne Bilderwelt. So verfuhr es Stunde um Stunde und war, noch ehe das letzte Schwefelhölzchen aufgebraucht war, erfroren.

Dieses Märchen zeigt uns recht eindrücklich, was passieren kann, wenn wir den Bezug zu unseren Aggressions- oder auch Feuerenergien, wie wir Autoren sie gerne nennen, verlieren. Dann sehen und spüren wir diese Energien nur mehr im Außen und bei anderen, aber nicht mehr bei uns selbst. Und das kann im wahrsten Sinne des Wortes tödlich enden, sei es durch einen Gewaltexzess im Außen mit möglicher Todesfolge, oder aber diese Aggressionsenergien begünstigen und fördern im Körper die übelsten und manchmal eben auch tödlichen Krankheiten. Da gäbe es zum Beispiel Magengeschwüre, die durchbrechen, Schlaganfälle durch langanhaltenden Bluthochdruck, diverse Autoimmunerkrankungen und anderes mehr. Stellen Sie sich doch einmal vor, jemand schwärmt Ihnen vor, wie schön es am Gardasee ist. Sie haben nun dieses schöne Bild vom See im Kopf und steigen damit in Ihr Auto. Sie starten den Motor und geben Vollgas. Doch – Sie legen keinen Gang ein! Wenn Sie das eine geraume Zeit lang machen, überhitzt irgendwann der Motor Ihres Wagens und Sie haben einen Motorschaden. Also, schön die Finger von der Schaltung lassen!

Doch geschätzte Leserschaft, Sie haben es in der Hand, wie Sie Ihr Leben gestalten und ob Sie Ihre Energien dauerhaft unterdrücken. Sie können, müssen in Bezug auf Ihr Opfertum aber nicht gleich aufs Ganze gehen. Denn bedenken Sie: Es ist noch kein mieser Meister vom Himmel gefallen.

Der Ruf in den Wald

Manche Menschen, die von der Möglichkeit der Wiedergeburt überzeugt sind, beschäftigen sich gern mit der Erkundung ihrer mutmaßlich schon hinter ihnen liegenden Leben, um ihr Karma zu erforschen. Sei es durch Rückführungen, Rebirthing oder diverse schamanische Techniken. Man mag nun wie Gerda an die Idee eines Karmas glauben oder auch nicht, der alte Spruch »Wie man in den Wald hineinruft, so kommt es zurück« wird auch von uns nicht von der Hand gewiesen.

Wie an diesem Sprichwort recht gut zu erkennen ist, braucht es zunächst einen Akteur, einen Rufer, damit letztendlich etwas aus dem Wald, verstanden als Bild für das Leben an sich, zurückkommen kann. Wenn man also wie Gerda der Idee des Karmas folgen will, so meinen wir, dass Karma nicht so etwas wie die Rache des Universums für unsere Taten ist, sondern vielmehr ein Spiegel.

Auch im fernen Osten gilt die Devise, dass wir über kurz oder lang das ernten, was wir gesät haben – und zwar bewusst und unbewusst. Es ist in letzter Konsequenz viel wichtiger, darauf zu achten, was wir säen – also was wir geben, welche Inputs wir setzen – als wie die Maus vor der Schlange darauf fixiert zu sein, was wir bekommen. Oder, wie Sokrates es einmal formuliert hat: »Das Geheimnis der Veränderung ist, alle Energie nicht auf die Bekämpfung des Alten zu legen, sondern auf den Aufbau des Neuen.«

Im Beklagen der Umstände, so wie Gerda es verinnerlicht hat, kann man mit der Zeit der Illusion erliegen, man sei ja ohnehin aktiv, weil man die alten Geschichten immer wieder hin und her wälzt und aufwärmt. Doch im Grunde bewegt man sich nur in der Vergangenheit und klagt immer wieder darüber. Nicht wenige Menschen verbringen den Großteil ihres Lebens genau damit.

Wer sich ständig beklagt, macht sich selbst zum Opfer. Natürlich gäbe es Alternativen dazu: Wenn es möglich ist, könnten Sie die Situation verlassen oder verändern. Wenn beides nicht möglich ist, könnten Sie versuchen, die Situation zu akzeptieren. Aber natürlich gilt auch hier wieder: Dies ist für unser Projekt eines miesen Lebens ohne Belang.

Eine private Klagemauer ist ein Must-have

Im Sinne unseres netten Projekts eines miesen Lebens kann dies nur bedeuten: schön stillhalten! Wühlen Sie sich täglich neu durch Ihre alten Dramen, auch wenn Sie schon 10, 20 oder noch viel mehr Jahre zurückliegen. Errichten Sie Ihre eigene, private Klagemauer und dann klagen Sie Ihr Leid! Über Gott, Ihre Eltern, die Ihnen eine so schreckliche Kindheit zugemutet haben, den Exmann, die Exfrau, Ihre undankbaren Kinder oder über den Chef – die Gurke –, die Kollegin – die Pflaume –, den Nachbarn – das Rindvieh – und so weiter und so fort. So eine Klagemauer, hoch und stabil, ganz alleine für Sie erbaut, das macht Freude und Sie werden stolz darauf sein.

Sie sehen also, wir haben mit dem Leidensfüllhorn nicht übertrieben. Wenn Sie, geschätzte Leserin und geschätzter Leser, nur lange genug in solch einer Geisteshaltung leben, dann verlieren Sie mehr und mehr auch den Bezug zu Ihren Fähigkeiten und Talenten. Sie werden kleiner und kleiner und empfinden mehr und mehr Angst vor Ihrer eigenen Courage.

So in etwa hat es wohl auch Jesus mit dem Gleichnis von den Talenten gemeint: Ein reicher Gutsherr beschloss, auf Reisen zu gehen. Er rief seine drei Verwalter zu sich und teilte sein Vermögen auf. Dem ersten Verwalter übertrug er zehn Talente, dem zweiten Verwalter fünf Talente und dem dritten Verwalter ein Talent. (Ein Talent war damals eine Art Währungseinheit für ein Jahreseinkommen, doch es kann natürlich auch als Fähigkeit verstanden werden.) Der Gutsherr sagte zu seinen Verwaltern: »Arbeitet mit diesen Talenten, wenn ich wiederkomme, werde ich Rechenschaft von euch verlangen!« Dann reiste er ab. Nach langer Zeit kehrte der Gutsherr zurück und rief seine Verwalter zu sich. Der Erste sagte: »Herr, zehn Talente habe ich von dir erhalten, ich habe noch zehn weitere Talente dazugewonnen.« Der Gutsherr lobte ihn: »Du bist wahrlich ein guter Diener! Weil du in den kleinen Dingen zuverlässig warst, mache ich dich zum Herrscher über zehn Städte.« Alsbald kam der zweite Verwalter: »Herr, du gabst mir fünf Talente und ich habe noch weitere fünf Talente für dich hinzugewonnen.« Auch ihn lobte der Gutsherr: »Ja, du bist ein treuer Diener! Weil du im Kleinen verlässlich warst, wirst du Herrscher über fünf Städte werden.« Schließlich kam der dritte Verwalter und rief: »Herr, ein Talent hast du mir gegeben, hier hast du es zurück. Da ich wusste, dass du ein strenger Gutsherr bist und erntest, wo du nicht gesät hast, habe ich aus Angst das Talent vergraben.« Da rief der Gutsherr: »Was bist du für ein schlechter Diener! Da du schon wusstest, dass ich ein strenger Gutsherr bin und ernte, wo ich nicht gesät habe, so wäre es das Mindeste gewesen, dass du das Geld auf die Bank trägst, damit es Zinsen bringt. Also, fort mit ihm! Packt ihn, bindet ihn und werft ihn in die Finsternis hinaus! Dort soll er heulen und klagen! Dann gebt das eine Talent dem, der zehn hat. Denn so soll es sich verhalten: Dem, der hat, wird gegeben, dem, der aber nichts hat, dem soll auch noch das genommen werden, was er hat!«

Also vergraben Sie Ihre Talente, werte Leserschaft! Lehnen Sie jegliche Verantwortung für Ihr Leben ab! Und alsbald erreichen Sie einen weiteren Meilenstein auf Ihrem Weg eines miesen Lebens: Auch Sie werden heulen und mit den Zähnen knirschen! Seien Sie versichert!

Was wir daraus lernen

- Negieren Sie jegliche Aggressionsimpulse! Sie werden sich mehr und mehr gelähmt und handlungsunfähig fühlen und es auch werden. Wir versprechen es beim Barte des Propheten!

- Beklagen Sie sich inbrünstig, gewissen- und dauerhaft. Wenn Ihnen etwas unerträglich ist, verharren Sie in der Situation. Belassen Sie diese, wie sie ist – und für die Meister unter Ihnen: Akzeptieren Sie sie gleichzeitig kein bisschen.

- Also schön stillhalten und sich kräftig ärgern. Am besten über gaaanz lange zurückliegende Dramen. Wühlen Sie sich täglich neu zu Ihren wunden Punkten durch, heben Sie Ihren blutenden Schatz aus dem Sumpf des Vergessens und erfreuen Sie sich daran, dass die gehobene Kacke immer noch mächtig am Dampfen ist.

♦ Errichten Sie Ihre eigene, private Klagemauer und bauen Sie sie höher und mächtiger als die Ihrer Mitmenschen. Ihre Nachbarn werden vor Neid erblassen!

Kapitel 11

ICH WILL, ICH WILL, ICH WILL!

Ingrid, 44 Jahre alt, zieht einen kleinen Klappspiegel aus ihrer Handtasche, öffnet ihn und mustert eingehend ihr Gesicht. Mit einem leisen Ächzen klappt sie den Spiegel wieder zu und steckt ihn zurück in die Handtasche. Sie sieht aus, als sei sie eben von einem Fotoshooting gekommen. Die Haare sitzen perfekt und ihr Make-up wirkt makellos. An ihren Fingern stecken sechs goldene Ringe und eine ebenfalls goldene Halskette baumelt ihr tief ins Dekolleté – aus dem Ausschnitt ihrer lachsfarbenen Bluse quellen ihre Brüste hervor. Als ein Signalton ihres Handys ertönt, greift sie reflexartig in ihre Tasche und holt das ebenfalls goldene Smartphone heraus, um es auf lautlos zu schalten – nicht ohne zuvor die Nachricht zu lesen, die eingegangen ist. Dann streicht sie mit ihren manikürten Fingern über das Display und steckt das Luxusteil wieder in die Tasche. Sie lehnt sich zurück und sieht geistesabwesend zum Fenster hinaus. Der Therapeut, der ihr gegenübersitzt, beobachtet sie schweigend. So verharren die beiden einige Zeit. Schließlich bricht der Therapeut das Schweigen.

»Ingrid, Sie wirken heute wieder recht abwesend. In welchem Wolkenkuckucksheim sind Sie denn zu Gast?«

Die Angesprochene erschrickt sichtlich. »Oh, verzeihen Sie, ich war in Gedanken ... bei meiner Schwester Gisela ...«

Der Therapeut wartet eine Zeit lang und fragt schließlich: »Und weiter?«

»Ach, ich bin heute so zerstreut!«, entschuldigt sich Ingrid erneut. »Wissen Sie, meine Schwester hat sich vorgestern verlobt. Sie ist in unserer Familie das Nesthäkchen, zwölf Jahre ist sie jünger als ich.« Wieder Schweigen.

»Und was ist es, was Sie so beschäftigt? So eine Verlobung ist doch im Allgemeinen ein recht freudiger Anlass«, versucht der Therapeut das Gespräch erneut in Gang zu bringen.

»Ach, ich weiß auch nicht. Natürlich freue ich mich für meine Schwester. Andererseits beneide ich sie insgeheim. Sie ist so glücklich mit ihrem Freund. Ralf heißt er. Und ich ...«

Der Therapeut nickt. »Und Sie sind unglücklich?«

Ingrid hebt die Hände und blickt nach oben. »Unglücklich, das ist ein so starkes Wort. Unzufrieden, das trifft es wohl eher.«

Der Therapeut dreht den Stift in seinen Händen. »Können Sie es benennen, was Ihnen fehlt?«

»Das ist es ja!«, ruft Ingrid aus. »Ich weiß es nicht! Ich bin gut verheiratet, mein Mann verdient mehr Geld, als ich ausgeben kann, ich habe ein tolles Haus, zwei gut geratene Kinder und dennoch fühle ich mich unzufrieden. Ich möchte auch wieder so verliebt sein wie meine Schwester!«

Der Therapeut zieht die Augenbrauen hoch und sieht Ingrid zweifelnd an. »Schon wieder? Reichen Ihnen die Ängste, Dramen und Enttäuschungen Ihrer letzten Affäre noch immer nicht? Ihre Ängste, dass Ihnen Ihr Mann auf die Schliche kommt? Die Versprechungen, dass Ihr Lover bald seine Frau verlässt, aber bis heute mit ihr zusammen ist? Oder als Sie erkannten, dass dieser Georg doch nicht

Ihre wahre und ewig glücklich machende Liebe war? Einmal ganz zu schweigen von der Liaison mit Gernot, Ihrem vorherigen Liebhaber.«

Ingrid senkt schuldbewusst den Blick. »Jaaa, Sie haben ja recht … und nebenbei, ein sehr gutes Gedächtnis …, aber wenn ich mich doch nicht wohlfühle! Ach, ich weiß auch nicht.«

Der Therapeut lehnt sich zurück und betrachtet sein Gegenüber nachdenklich. »Lieben Sie Ihren Mann?«

Ingrid dreht den Ring an ihrem linken Ringfinger. »Das haben Sie mich schon mehrmals gefragt. Natürlich liebe ich ihn! Er sieht gut aus, verwöhnt mich, ist mein Fels. Der Sex ist meistens gut und er ist ein guter Vater. Beinahe schon kitschig …«

»Und dennoch haben weder Ihr Mann noch Ihre Affären es mittel- oder langfristig geschafft, dass Sie in einen Seinszustand von Zufriedenheit gekommen wären. Da drängt sich doch die Frage auf, ob dieser Weg und diese Lebenshaltung auch wirklich richtig sind für Sie.« Der Therapeut faltet die Hände.

»Was meinen Sie damit?«, fragt Ingrid irritiert.

Der Therapeut neigt den Kopf ein wenig zur Seite. »Sehen Sie, wir kennen uns nun schon seit fast zehn Jahren. Wenn wir diese Zeit einmal gemeinsam resümieren: Sie haben mir in diesen Jahren immer wieder glaubhaft machen wollen, dass Sie nur noch ein neues Haus, ein zweites Kind, diese wieder einmal *letzte* Schönheitsoperation, dieses tolle Auto, diese einzig wahre Liebesbeziehung mit Gernot und später mit Georg brauchen würden … und dennoch sitzen Sie heute vor mir und sind kein bisschen zufriedener, geschweige denn glücklicher als vor zehn Jahren. Korrigieren Sie mich, wenn ich falschliege.«

Ingrid sitzt da wie ein Häufchen Elend. »Sie haben ja recht …, aber immer, wenn ich mal wieder ein neues Projekt hatte, dann hat sich das so richtig, so belebend angefühlt!

Ach, ich weiß auch nicht ... es ist mir offenbar nicht bestimmt, dauerhaft zufrieden zu sein.«

»Sie sind also der Meinung, das Universum oder Gott oder wer auch immer sind für Ihre Zufriedenheit verantwortlich? Ist das nicht in letzter Konsequenz die gleiche Haltung, die Sie auch in der Vergangenheit praktiziert haben? Nur dass Sie jetzt anstatt Ihrer diversen Objekte und Beziehungen das Universum oder Gott für Ihren Seelenfrieden verantwortlich machen?«

Der Therapeut lächelt Ingrid an. Diese macht einen verwirrten Gesichtsausdruck. »Ich verstehe Sie nicht«, murmelt sie leise.

»Nun, Ihr Lebensprogramm war bis dato geprägt von der Überzeugung, dass Ihnen verschiedene Personen, Objekte oder auch das Universum oder Gott dieses oder jenes Gefühl geben sollten. Doch niemand kann Ihnen ein Gefühl geben! Egal wie sehr andere Ihnen auch versichern, wie schön Sie sind, wenn Sie in sich selbst nicht eine entsprechende Bewertung oder Sichtweise über Ihr Aussehen tragen, so werden die positiven Aussagen der anderen höchstens eine Zeit lang Ihre negative Sichtweise, was Ihren Körper angeht, besänftigen. Doch sobald Sie wieder eine Zeit lang mit sich allein sind, ist Ihr negatives Selbstbild im Handumdrehen wieder da, ist es nicht so? Die andere Person, das Objekt, die neue Beziehung kann bestenfalls eine gewisse Zeit in Ihnen ein Gefühl hervorrufen. Eigentlich ist so ein Verhalten ein Suchtverhalten, das im Übrigen durch die Medien und die Werbung weidlich ausgenützt und gefördert wird. Wo ist denn der Unterschied zwischen Ihnen und einer Magersüchtigen? Diese fünfzig Gramm noch – dann bin ich zufrieden. Und dann wieder vierzig Gramm und wieder ... nur mit dem Unterschied, dass es für die Magersüchtige oftmals tödlich endet.«

Ingrid streicht unwillkürlich über ihr Designerkleid. »Ein, zwei Kilo weniger wären wirklich nicht schlecht«, sagt sie halblaut zu sich selbst. Der Therapeut schüttelt den Kopf. »Ingrid, Sie sind unverbesserlich. Ein Sprichwort sagt: Loslassen bedeutet nicht, dass du nichts hast. Es bedeutet, dass *dich* nichts hat!«

»Und wenn ich loslasse, bin ich dann zufrieden?«, fragt Ingrid hoffnungsvoll. Der Therapeut lacht laut auf. »Das wohl noch nicht! Aber dann haben Sie zumindest aufgehört, mit den falschen Mitteln Ihr Ziel erreichen zu wollen.«

Ach ja, mit dem Glück ist es so eine Sache. Da strampelt man sich ab, um endlich dauerhaft glücklich und zufrieden zu werden, aber es ist wie verhext! Man könnte fast den Eindruck gewinnen, als würde das Streben nach Glück und Zufriedenheit diese Zustände immer wieder und immer weiter von uns forttreiben.

Ein großes Thema, das die Menschen schon immer zur Verzweiflung getrieben hat.

Was fehlt, das zählt

Doch nun kommt die gute Nachricht: Im Sinne unseres Projekts eines miesen Lebens spielt die Suche nach dem Glück keine Rolle! Viel besser und vernünftiger ist es, sich auf das zu konzentrieren, was noch fehlt. Überlassen Sie, geschätzte Leserin und geschätzter Leser, doch die Frage, wie man glücklich und zufrieden sein kann, den oberflächlichen und naiven Menschen. Ihren Fokus sollten Sie einzig und allein darauf richten, was noch fehlt, auf den Mangel!

Leben Sie Ihre Beziehung, sofern Sie noch eine haben, nach dem Motto: Gib mir, was mir fehlt! Auch wenn Sie selbst nicht die leiseste Ahnung haben, was das eigentlich ist. Wir können hier gar nicht stark genug betonen: Machen Sie Ihren Partner für Ihre Mangelgefühle verantwortlich! Für das Erleben existenzieller Leidenserfahrungen ist das ein wahrer Jungbrunnen. Auf diese Weise können Sie ratzfatz auch immer Ihren Partner an Ihrem Leid teilhaben lassen.

Wie wir Ihnen bereits im Kapitel über das »Opfersein« recht schön dargelegt haben, ist es für das Gestalten eines miesen Lebens von erheblichem Wert, die Ursache des inneren Unwohlseins stets im Außen und bei anderen zu suchen. Die Botschaft des Sprichwortes »Was du über mich denkst, bin nicht ich – das bist *du*!« können Sie, werte Leserin und werter Leser, somit einfach vom Tisch wischen und in die Tonne treten.

Wie Sie sicherlich sofort bemerkt haben, ist Ingrid diesbezüglich bereits eine Meisterin, da können wir uns alle ein Scheibe abschneiden. Moralische Bedenken, was ihren Mann oder ihre Kinder angeht – Fehlanzeige! (Ethische Überlegungen sind ohnehin dem Projekt eines miesen Lebens mehr als abträglich.) Ingrid kreist mit ihrer Aufmerksamkeit permanent um sich selbst und ihre Mangelgefühle. Wie Narziss, der sein Spiegelbild anschmachtet und letzten Endes im Teich seiner eigenen Sehnsucht ertrinkt.

Wie wichtig das Selbstgefühl für die Gestaltung und das Erleben Ihres Lebens ist, möchten wir anhand der Schilderung eines psychologischen Experiments verdeutlichen:

Ein britischer Forscher gab eine Annonce auf mit dem Inhalt: *Suche Glückspilze und Pechvögel.* Auf diese Annonce hin meldeten sich Menschen, die sich selbst als Glückspilz oder aber als Pechvogel sahen. Jede dieser Testpersonen wurde in einen Raum geführt, in dem der Boden mit vielen Zeitungsartikeln und Bildern ausgelegt war. Die Aufgabe für die Testpersonen lautete, so genau wie möglich herauszufinden, wie viele Bilder auf dem Boden zu finden waren. Mitten unter den vielen Zeitungsausschnitten und Bildern platzierte der Versuchsleiter einen Textkasten, in dem zu lesen stand: *Wer das liest, bekommt 50 Pfund.* Das Endergebnis war, dass die meisten Glückspilze diesen Textkasten lasen, von den Pechvögeln aber kaum jemand.

Erstaunlich, oder? Unser Selbstbild und unser Selbstgefühl beeinflussen also stark die Art und Weise, wie wir die Welt wahrnehmen und was unser Bewusstsein aus den vielen Eindrücken herausfiltert. Ist das Bewusstsein auf Mangel kalibriert, dann findet es auch Mangel, und zwar nicht zu knapp!

Dies lässt sich auch an manchen Märchen ablesen. Märchen sind ähnlich wie Mythen reich an archetypischen Bildern. Anhand dieser Bilder kann man recht gut die Dynamik und Wirkkräfte des Unbewussten nachvollziehen. Ein besonders gut passendes Märchen zur aktuellen Thematik des Mangels trägt den Titel »Der Fischer und seine Frau« der grimmigen Gebrüder.[16] Auf Grund der Länge und Ausführlichkeit des Märchens wollen wir Ihnen, geschätzte Leserschaft, folgend eine Zusammenfassung darbringen.

Obacht vor den Wünschen

Ein Fischer und seine Frau wohnten zusammen in einer kleinen Fischerhütte, nahe an der See. Der Fischer ging jeden Tag angeln. Er angelte und angelte. Eines Tages saß er wieder einmal mit seiner Rute und sah in das klare Wasser hinein. Da zuckte sie, und als er sie einholte, zog er einen großen Butt heraus. Da sagte der Butt zu ihm: »Guter Fischer, ich bitte dich, lass mich leben, ich bin kein richtiger Butt, ich bin ein verwunschener Prinz. Was hast du denn davon, wenn du mich tötest? So richtig schmecken würde ich dir ja doch nicht. Wirf mich bitte wieder ins Wasser und lass mich schwimmen.«

»Nun«, sagte der Fischer, »meinetwegen. Einen Butt, der sprechen kann, den kann ich wohl schlecht töten.« Mit diesen Worten warf er ihn wieder in das klare Wasser. Dann stand er auf und ging zu seiner Frau in die kleine Hütte. »Mann«, sagte die Frau, »du kommst mit leeren Händen, hast du uns denn heute nichts gefangen?«

»Nein«, sagte der Mann. »Ich habe einen Butt gefangen, der sagte mir, dass er ein verwunschener Prinz sei, da hab ich ihn wieder ins Wasser gelassen.«

»Und du hast dir nichts gewünscht?«, fragte die Frau.

»Nein«, antwortete der Mann, »was sollte ich mir denn schon wünschen?«

»Ach«, sagte die Frau, »das ist doch ein Elend, immer hier in dieser alten Hütte zu wohnen, die stinkt und baufällig ist; warum hast du uns nicht ein kleines Häuschen gewünscht? Schnell, geh noch einmal hinaus und ruf ihn. Wir wollen ein kleines Häuschen haben, er erfüllt dir sicher diesen bescheidenen Wunsch.«

Der Mann wollte einerseits nicht gehen, andererseits aber auch seiner Frau nicht zuwiderhandeln und so machte er sich dennoch auf den Weg an die See. Als er dort ankam, war die See ganz grün und gelb und bei Weitem nicht mehr so klar. Er stellte sich also hin und rief: »Männlein, Männlein, Timpe Te, Buttje, Buttje in der See, ach meine Frau, die Ilsebill, die will nicht so, wie ich es will.«

Schon kam der Butt angeschwommen und fragte: »Ja, was will sie denn?« »Ach«, sagte der Mann, »weißt du, ich habe dich doch gefangen; jetzt sagt meine Frau, dass ich mir etwas wünschen hätte sollen. Sie will nicht mehr in unserer Hütte wohnen, sie möchte gern ein Häuschen.«

»Geh nur«, sagte der Butt, »so soll es sein«

In der Folge verhält es sich nun so, dass die Frau nur eine kurze Zeit zufrieden ist und sich alsbald etwas Größeres wünscht. Immer wieder muss der Fischer zur See gehen und den Fisch darum bitten. Von der Hütte zum Haus, vom Haus zum Schloss. Dann will die Frau König sein, dann Kaiser, und als das noch immer nicht reicht, noch Papst. Nach jedem erfüllten Wunsch meint der Fischer: »Nun wollen wir zufrieden sein.« Doch immer wieder erwidert die Frau: »Wir wollen darüber nachdenken und uns beschlafen.« Jedes Mal, wenn der Fischer wieder zur See geht, um den Fisch um etwas Neues zu bitten, hat sich die Farbe des Wassers mehr und mehr verfinstert und Stürme ziehen auf.

Das Märchen endet schließlich wie folgt: Der Fischer schlief gut und fest, hatte er doch tagsüber viel laufen müssen; die Frau jedoch konnte nicht einschlafen und grübelte die ganze Nacht, was sie wohl noch werden könnte, doch sie konnte sich auf nichts mehr besinnen. Als die Sonne aufging und sie das Morgenrot sah, setzte sie sich im Bett auf und sah in das Morgenrot der aufsteigenden Sonne. Wie wäre es, dachte sie, wenn ich die Sonne und den Mond aufgehen lassen könnte?

»Mann«, rief sie, »wach auf, lauf zum Butt, ich will werden wie Gott.« Der Mann erschrak so, dass er aus dem Bett fiel. Er dachte, er hätte sich verhört, und rief: »Sag, Frau, bist du verrückt?«

»Mann«, sagte sie, »wenn ich nicht Sonne und Mond aufgehen lassen kann, dann vermag ich das nicht auszuhalten und habe keine ruhige Stunde mehr.« Sie sah ihn ganz böse an, dass ihm angst und bange wurde. »Lauf zum Butt, ich will werden wie Gott.«

»Ach, Frau«, flehte der Mann und fiel auf die Knie, »das kann selbst der Butt nicht. Er kann wohl Kaiser und Papst machen; aber ich bitte dich, besinne dich und bleibe Papst.« Da wurde sie schrecklich böse und schrie: »Ich halte es nicht aus! Und ich halte dich nicht länger aus! Wirst du wohl hingehen?!« Er schlüpfte in seine Hose und lief wie von Sinnen davon. Draußen heulte der Sturm und brauste, dass er sich kaum auf den Beinen halten konnte. Häuser und Bäume wurden umgeweht, die Berge bebten und die Felsenstücke stürzten in die See. Der Himmel war pechschwarz, es donnerte und blitzte, und die See ging in hohen schwarzen Wogen, so hoch wie Kirchtürme und Berge, und oben hatten alle eine weiße Schaumkrone auf. Er schrie, dabei konnte er sein eigenes Wort kaum hören:

»Männlein, Männlein, Timpe Te, ach Buttje, Buttje in der See, ja meine Frau, die Ilsebill, die will nicht so, wie ich es will.«

»Na, was will sie denn?«, fragte der Butt.

»Ach«, sagte er, »sie will werden wie Gott.«

»Geh heim, schon sitzt sie wieder in der Fischerhütte.«

Tja – und da sitzen die beiden bis heute.

So weit das Märchen. Wenn wir diese Geschichte nun ein wenig tiefenpsychologisch interpretieren, so kann man unter anderem Folgendes sehen: Der Fischer, verstanden als männliches Prinzip, liegt immer wieder im Konflikt mit seiner Frau, verstanden als weibliches Prinzip, also in etwa wie Yin und Yang. Dem Männlichen kann unter anderem das rationale, dem Weiblichen unter anderem das emotionale Denken, die Gefühlswelt, zugeordnet werden.

Na? Sehen Sie schon, wo uns das hinführt? Wie auch bei Ingrid richtet das männlich rationale Denken nichts mehr aus, wenn die Gefühle drängen und ziehen. Wie im Märchen sehr schön dargestellt, verfinstert sich die See, verstanden als Bild für die unbewusste Psyche, immer mehr. In letzter Konsequenz wurden weder Ingrid noch die Frau Ilsebill im Märchen durch ihre Wunscherfüllungen glücklicher und zufriedener, ganz im Gegenteil. Das permanente Wünschen, dieses stetige Bezogen-Sein auf das, was fehlt, wühlt – wie im Märchen sehr schön durch das verfärbte und immer stärker tosende Meer dargestellt – die Psyche des Menschen immer mehr auf. Und es bringt den Menschen mit all seiner Wunscherfüllung keinen Deut weiter. Ganz im Gegenteil! Es hüllt ihn eine Zeit lang ein in ein trügerisches, kurzweiliges Wohlgefühl. Wie der Junkie, der sich einen Schuss gesetzt hat. Wie die Magersüchtige, die sich wieder einmal ein paar Gramm heruntergehungert hat. Doch letzten Endes landen sie alle wieder in der Unzufriedenheit, so wie das Pärchen im Märchen wieder in der Hütte landete. Und dort bis heute sitzt.

Also, liebe Leserin und lieber Leser, frisch ans Werk! Was fehlt Ihnen denn so alles in Ihrem Leben? Denken Sie oft darüber nach und legen Sie stets den Fokus darauf.

Was wir daraus lernen

♦ Was Sie bereits haben, ist uninteressant; es sollte Ihr Denken nicht weiter tangieren. Erster und wichtigster Schritt lautet daher: Denken Sie stets daran, woran es Ihnen fehlt.

♦ Ihre Aufmerksamkeit sollte permanent um Sie selbst und Ihre Mangelgefühle kreisen. Machen Sie sich klar, dass Mängel aller Art nun wirklich nichts Schönes sind und dass irgendjemand dafür zur Verantwortung gezogen werden muss.

◊ Um sich ein mieses Leben zu zimmern, ist es von erheblichem Wert, die Ursache des inneren Unwohlseins stets im Außen zu suchen, vor allem bei anderen Menschen. Warum auch sollten Sie in sich selbst suchen? Da gibt es nun doch wirklich nichts zu finden, nicht wahr?

◊ Sollten Sie noch eine Beziehung haben, ist es besonders lohnend, den Partner für Ihre Mangelgefühle verantwortlich zu machen. Wenn wir ehrlich sind, ist er höchstwahrscheinlich auch wirklich daran schuld, und er sollte sich dieses Vergehens auch bewusst werden. Für das Erleben existenzieller Leidenserfahrungen ist eine solcherart geführte Beziehung ein wahrer Jungbrunnen.

Kapitel 12

WER BITTE BRAUCHT SCHON EINEN LEBENSSINN?

Peter, 29 Jahre alt, kommt auch heute, wie schon so oft, zu spät zur Therapie. Sein Haar wirkt zerzaust und sein Erscheinungsbild übermüdet. »Sorry, Doc«, murmelt er verlegen, »ich komme einfach nicht aus den Federn, so früh am Morgen.«

Der Therapeut zuckt mit den Schultern. »Tja, es ist 11 Uhr 30, also fast Mittag. Hat Ihnen Ihr Online-Spiel wieder einmal den Schlaf gekostet?«

Peter streicht sich mit den Händen über das verschlafene Gesicht. »Der nächste Level war schon zum Greifen nahe. Leider ist letzten Endes nichts daraus geworden.«

»Der Kriegerkönig in spe ist also immer noch einfacher Fußsoldat in der virtuellen Welt«, kommentiert der Therapeut lakonisch und schiebt eine Frage hinterher: »Und was tut sich in der realen Welt?«

»Immer das Gleiche«, antwortet Peter müde. »Der Job als Schichtarbeiter ist zum Kotzen, die Behörden quälen mich mit sinnlosen Drogentests und wollen mir weiterhin den Führerschein nicht wiedergeben und ... meine Ex hat geheiratet, ansonsten – alles beim Alten.«

Der Therapeut überfliegt seine Notizen. »Den Führerschein werden Sie wohl noch lange nicht wiederbekommen, solange Sie das Kiffen nicht sein lassen. Die neuen Tests, vor allem die Haaranalysen, sind da sehr genau. Zu glauben, Sie könnten die Behörden austricksen, hat sich in der Vergangenheit ja schon öfter als frommer Wunsch ans Christkind herausgestellt.«

Peter gähnt vor sich hin. »Ist eigentlich eh egal«, sagt er mehr oder weniger zu sich selbst. »Wozu brauche ich denn noch das Auto? Jetzt, wo mich meine Ex nicht mehr quält mit ihren Shopping-Touren.«

»Wie geht es Ihnen damit, dass Ihre Exfreundin geheiratet hat?«, hakt der Therapeut nach.

»Weiber eben. Was soll man da machen ...«, winkt Peter frustriert ab.

»Warum ist denn Ihrer Meinung nach die Beziehung in die Brüche gegangen?«

Peter macht eine verächtliche Handbewegung. »Wie schon gesagt, Weiber! Wer versteht die schon? Am Anfang bist du der Herzensmensch, den sie ach ihr ganzes Leben gesucht haben, und ein halbes Jahr später bist du nur mehr der kiffende Langweiler, der nichts auf die Reihe kriegt und keine Ambitionen und Ziele für sein Leben hat, geschweige denn für die gemeinsame Zukunft, bla bla bla ...«

»Was Ihrer Meinung nach nicht zutrifft?« Der Therapeut sieht Peter fragend an. »Ach, dieses ewige Gefasel von einem sinnvollen Leben! Wir kommen auf die Welt, sitzen unsere Zeit ab und sterben wieder. Das ist es schon. Ich hab mal einen Spruch gelesen, der lautete in etwa, dass das Leben sinnlos, grausam, dumm und dennoch prachtvoll ist und es sich nicht über den Menschen lustig macht. Und es kümmert sich um den Menschen auch nicht mehr als um den Wurm. Recht hat er, wer auch immer das gesagt hat! Wenn ich meine Tütchen rauche, dann ist das Leben vielleicht nicht gerade prachtvoll, aber zumindest erträglich. Aber heute muss ja alles einen ach so tiefen Sinn haben!« Dabei faltet Peter die Hände und imitiert offenbar einen Geistlichen.

Der Therapeut nickt. »Ja, die Natur beinhaltet oft wahrlich ein hohes Maß an Grausamkeit und Sinnlosigkeit. Und dennoch sollten wir uns mit allen Kräften darum bemühen, der Natur und dem Leben Sinn abzuringen. Wissen Sie, das ist das Höchste, wozu der Mensch fähig ist! Ganz viel anderes macht selbst ein Hund besser als der Mensch.« Der Therapeut lehnt sich zurück und schweigt.

Peter macht große Augen. »Ja, manchmal denke ich mir auch, es wäre besser, ein Hund zu sein. Da gehst du zweimal am Tag spazieren und ansonsten verpennst du den lieben langen Tag. Dein Fressen kriegst du quasi ans Bett serviert und das Frauchen läuft auch noch hinter dir her und sammelt deine Kacke ein. Das wär doch mal ein Leben!«

Der Therapeut beugt sich vor und sieht Peter in seine trüben, gelblichen Augen. »Peter, seien Sie mir nicht böse, wenn ich es jetzt einmal so formuliere: Ist Ihr Leben nicht längst auf den Hund gekommen? Einmal davon abgesehen, dass Sie noch selbst auf die Toilette gehen müssen? Sie kommen nun schon seit einem Jahr zur Therapie, weil Sie keinen Plan haben, was Sie mit Ihrem Leben anfangen sollen. Damit es besser klingt, nennen wir Ihren Zustand eine depressive Episode. Bei Ihnen müsste eine Diagnose eigentlich lauten: keine Ahnung, was ich mit meinem Leben anfangen soll.«

Peter lächelt und nickt.

»Sie machen seit Jahren eine Arbeit, die Sie zutiefst verabscheuen, wie Sie mehrfach betont haben. Sie betäuben sich mit dem Kiffen und flüchten sich mehr und mehr in eine virtuelle Welt, in der Sie versuchen, ein Held zu sein. Wie wäre es denn, wenn Sie stattdessen in Ihrer realen Welt so etwas wie ein geiles Leben erschaffen würden, hm?«

Peter windet sich in seinem Sessel. »Ach, Doc, jetzt fangen Sie nicht auch noch an mit dieser Litanei! Sie haben es doch selbst gesagt, das Leben ist sinnlos!«

Der Therapeut schüttelt den Kopf. »Auch bei Ihnen, lieber Peter, gilt offensichtlich: Wir hören, was wir hören wollen! Ich meinte, das Leben an sich sei sinnlos. Doch es liegt an uns, dem Leben einen Sinn zu geben. Eben wie wir unser Leben bewerten, wie wir mit dem Fokus unseres Bewusstseins umgehen. Wenn wir uns allerdings nur treiben lassen, wie ein Ball auf dem Wasser, dann leben wir nicht viel anders als die Tiere. Wenn ich sagte, vieles andere, als dem Leben einen Sinn beizumessen, könne ein Hund besser, dann meinte ich damit, dass der Hund viel präsenter ist als viele Menschen, weil sein Bewusstsein nicht durch das Denken an Vergangenheit oder Zukunft abgelenkt wird. Das Tier erlebt tatsächlich den gegenwärtigen Augenblick. Oder haben Sie schon einmal das Gefühl gehabt, eine Katze mache sich Sorgen, ob sie morgen etwas zu fressen hat?«

Peter lacht auf. »Ha, genau meine Rede! Eine Katze müsste man sein! Allein wenn ich an meine Ex denke, die hat ihrer Katze viel mehr Aufmerksamkeit und Zuwendung gegeben als mir. Aber, was soll's, ist doch eh alles sinnlos ...«

Es geht mit uns zu Ende, werte Leserin und werter Leser. Nein, nein, nicht was Sie jetzt vielleicht denken! Niemand wird nun das Zeitliche segnen, aber unser gemeinsamer Weg, unser Opus magnum, was die Erschaffung und die Erfahrung existenzieller Leidenserfahrungen im Sinne eines miesen Lebens angeht, neigt sich seinem Ende zu. In aller Bescheidenheit sind wir, die Autoren, nun überzeugt, dass wir Ihnen mit dieser Lektüre einen leicht verständlichen und dennoch weisen und tiefgründigen Leitfaden an die Hand gegeben haben, um dem heiligen Gral des Leidens ein großes Stück näherzukommen.

Gewiss haben Sie in dem einen oder anderen Kapitel schon Ihr Talent und Ihr Potential entdeckt, welches Sie nun stetig fördern dürfen und auch sollen. Sei es das Verdrän-

gen und Vermeiden jeglicher Emotion, das Befeuern Ihrer
Ängste, das Beklagen Ihrer Vergangenheit oder das Ver-
sinken in eine Grundidentität völliger Schuld- und Sünd-
haftigkeit. All diese Möglichkeiten bieten gleichermaßen
ein reichhaltiges Potpourri eindrücklicher und dauerhafter
Leidenserfahrungen.

Sahnehäubchen Sinnlosigkeit

Doch bevor wir uns von Ihnen verabschieden, möchten wir
Ihnen noch ein letztes, wirklich ausgesprochen nützliches
Tool anbieten, auf dem Weg zu wahrer Meisterschaft. Es
ist so etwas wie das Sahnehäubchen unseres Projekts: *ein
Leben ohne Sinn.*

Sie glauben ja gar nicht, wie nützlich und wirksam dieses Werkzeug für das Gelingen eines miesen Lebens ist! Es
wäre also geradezu töricht, wenn nicht auch Sie ab sofort
jeglicher Reflexion bezüglich der Sinnhaftigkeit Ihres Tuns
und Ihres Verhaltens aus dem Wege gehen und stattdessen
ein Leben in völliger Beliebigkeit führten.

Doch bevor wir dieser neuen Leidenschaft gemeinsam
frönen, sei noch ein Hauch Grundlagenwissen eingestreut:
Das Wort *Sinn* leitet sich aus dem Althochdeutschen »sin-
nan« ab, was so viel bedeutet wie reisen, streben oder trach-
ten. Wie wir an Peter, dem Protagonisten unseres Fallbei-
spiels sehr schön sehen können, strebt oder trachtet dieser
Mann bereits in jungen Jahren nach gar nichts mehr. Jeglicher Impuls nach Wachstum oder Veränderung ist bei diesem Mann erloschen. Er ist lethargisch, macht einen Job, der
ihm zuwider ist, und betäubt sein Unwohlsein mit Drogen.

Der kindliche Wunsch, dass andere sein Leben besser oder lebendiger machen mögen, hat sich weder in einer Beziehung mit einer Frau erfüllt noch wird ein Therapeut hier allzu viel ausrichten können. Denn, wie oben erläutert, ist eine derartige Lebenshaltung letzten Endes zutiefst infantil. Kindlich gesprochen: »Irgendein Papi oder eine Mami soll tun und machen, dass ich mich wohlfühle.« Dass eine solche Lebenshaltung für andere letzten Endes alles andere als attraktiv ist und in Folge zu mehr und mehr Vereinsamung führt – und daher ein idealer Nährboden für ein mieses Leben ist –, haben Sie, werte Leserschaft, aufgrund Ihres messerscharfen Verstands natürlich längst erkannt. Gerade in unserer Zeit sind dafür die Rahmenbedingungen geradezu ideal; noch nie hatten die Menschen, insbesondere in den westlichen Ländern, ein so hohes Maß an Freiheit. Günstig für die Erschaffung eines miesen, sinnlosen Lebens ist das insofern, als dass Freiheit, die langfristig gesehen keine Richtung, kein Wozu hat, beliebig wird, weil alles »wurscht«, alles »gleichgültig« ist. Und – ein gleichgültiges Leben ist sinnlos, das dürfen wir Ihnen mit Amt und Siegel garantieren.

Einer von uns Autoren, Wolfgang Pichler, ist unter anderem auch Liedermacher. In seinem neuen Album hat er ein Lied verfasst mit dem Titel »Sinn des Lebens.« In diesem Lied heißt es:

> Da sagt der alte Alfred
> nun so schwer ist es nicht
> was das Leben für einen Sinn hat
> diese Frage, die hat wahrlich Gewicht
> das Leben hat nur dann Sinn
> wenn wir ihm einen geben
> darum brenn' für etwas, so dass du sagen kannst
> ja dafür mag ich jetzt leben.

Phönix, bleib in deiner Asche

Also: Wer leben will, der brenne – für etwas! Wie der Feuervogel Phönix, der brennt und wieder zu Asche wird, um dann erneut aus der Asche geboren zu werden. Nur mit dem Unterschied, dass Sie beziehungsweise Ihr Leben, werte Leserschaft, eben dann Asche bleiben. Wer will sich schon erheben? Es ist doch viel zu anstrengend, für den Fokus des eigenen Bewusstseins immer verantwortlich sein zu müssen! Auch hier gilt wieder: Seien Sie ein Niemand! Machen Sie Gott, die Welt, das Karma oder Tante Irmi für Ihr sinnloses, mieses Leben verantwortlich! Nur bloß nicht sich selbst. Das lassen Sie mal schön bleiben. Sie werden sehen, eine Zeit lang bleibt es eh noch einigermaßen warm in der Asche Ihres bisherigen Lebens. Und wie Sie am Beispiel von Peter gut nachvollziehen können, gibt es ja genügend Möglichkeiten, die Sie versuchen können, wenn Ihr Leben allmählich kalt, stumpf und modrig wird. Ein kleines Tütchen Gras hier, ein Stück Torte da, die Bierflaschen in Reih und Glied sortiert im Kühlschrank, ein weiterer Bordellbesuch am Abend, die nächste neue, ewig selig machende Beziehung, das nächste Onlinespiel und so weiter und so fort.

Wenn Sie sich, geschätzte Leserschaft, jedoch dazu entschließen sollten, für etwas brennen zu wollen, und dennoch die Erfahrungen existenziellen Leidens machen möchten, dann empfiehlt es sich, Ziele und Projekte zu wählen, in denen es um Mangel geht, wo Ihnen noch etwas fehlt! Ganz wichtig: Konzentrieren Sie sich immer auf das, was noch fehlt! Das Zaubermotto lautet: Sehnen ist wesentlich wichtiger als haben! Wie wunderbar man sich doch mit diesem Motto unglücklich machen kann! Wie der Esel, der ewig der Karotte nachläuft, die ihm vor die Nase gehalten wird. Gelegentlich, wenn er sich lang genug abgemüht hat, darf der

Esel an der Karotte lecken oder bei ganz außergewöhnlichen Leistungen ein wenig daran knabbern. Doch endgültig erreichen oder gar satt werden, das bleibt für den Esel ein ewiger Wunschtraum.

Also, sehnen Sie sich! Denn wenn man sich selbst als Mensch nicht mehr im Blick hat, im Sinne von »Wer will ich *sein?*«, dann kann man für alles Mögliche brennen. Es ist, wie Salzwasser zu trinken: Je mehr Sie trinken, desto durstiger werden Sie. Sehen Sie die Sinnerfüllung Ihres Lebens stets in der Zukunft, in einem Ding, das Sie noch nicht haben, oder in einem Menschen, den Sie unbedingt noch gewinnen müssen!

Zauberdünger für den Leidensbaum

Karl Valentin sagte einmal: »Heute besuche ich mich – bin gespannt, ob ich zu Hause bin.« Wenn Sie, liebe Leserin und lieber Leser, auf der Suche nach Ihrem Lebenssinn stets auf das fokussiert sind, was noch fehlt, dann sind Sie ganz sicher nicht bei sich zu Hause. Und das ist auch gut so! Zumindest im Sinne eines miesen Lebens. Oder, wie es ein gewisser Jesus aus Nazareth ausgedrückt hat: »Was hilft es dem Menschen, wenn er die ganze Welt gewinnt, dabei aber seine Seele verliert?«

Okay, Sie haben ja recht! Solch Süßholzgeraspel wollen wir erst gar nicht an uns heranlassen, wo doch mittlerweile dieses zarte Pflänzchen eines miesen Lebens mehr und mehr zu einem stattlichen Baum heranwächst. Wehret den Anfängen!

Eine gute Richtschnur für Ihr kleines, feines, mieses Leben kann auch folgende Aussage von Buddha sein: »Alles Leiden entsteht aus Widerstand und Anhaftung.« So wie Sie einerseits brennen können für das, was Ihnen noch fehlt, also im Sinne von Anhaftung, so können Sie natürlich auch andererseits heftig *gegen* etwas brennen, im Sinne von Widerstand. Wenn Sie nur lange genug all die bösen, bösen Großkonzerne, die bösen Männer, die bösen Banken, die bösen Schwiegermütter, Fleischesser, Veganer, Nichtgläubigen, Andersgläubigen oder was oder wen auch immer bekämpft haben, dann werden Sie dereinst in ferner, ferner Zukunft zufrieden sein. Oder aber im Jenseits aufs Heftigste belohnt werden. Hihihi ... seeehr gut! So können Sie durch Ihren permanenten Widerstand gegen das, was ist, immer saurer werden.

Ein wahrer Zauberdünger für Ihren Leidensbaum! Das, was du bekämpfst, dem bleibst du für immer verhaftet. Oder, wie es die Bibel ausdrückt: »Richtet nicht, damit ihr nicht gerichtet werdet!« Hach, es ist doch so einfach, ein mieses Leben zu formen, finden Sie nicht auch?

Ein weiterer Aspekt, der für das Gestalten eines sinnlosen Lebens wichtig sein kann, ist der Unterschied zwischen Glück und Sinn. Aahh, wir bewundern Ihre Leidenschaftlichkeit für unser Projekt! Wir können förmlich Ihre Abneigung spüren, wenn wir diese Begriffe bloß erwähnen. Glück und Sinn – wie langweilig! Aber da wir nun einmal in der Welt der Polaritäten, der Gegensätze, leben, ist es wichtig und wertvoll, auch das zu sehen und zu kennen, was wir vermeiden wollen.

Ein Beispiel: Vor einiger Zeit bat man eine Reihe von jungen Müttern, sie während ihres Alltags mit ihren Kindern des Öfteren anrufen zu dürfen. Die Frage, die diesen Müttern immer wieder gestellt wurde, war Folgende: Wie glücklich fühlen sie sich in diesem Moment? Auf einer Skala von eins bis fünf, wobei eins sehr glücklich bedeutet und fünf gar nicht glücklich. Zusammengefasst war das Ergebnis, dass die meisten Mütter in Summe so glücklich waren, als würden sie Fenster putzen, also recht bescheiden. Wenn dann aber abends die kleinen Rabauken selig schlummernd in ihren Bettchen lagen, dann empfanden diese Mütter ein ausgeprägtes Gefühl von Sinnhaftigkeit.

Oder stellen Sie sich einmal folgendes Szenario vor: Sie machen eine anspruchsvolle Bergwanderung von sechs Stunden. Auf der Höhe von 2300 Metern treffen Sie auf einen Mann, der sich schwitzend und keuchend gerade an einem Felsen abstützt. Wenn Sie, werte Leser, diesen Mann nun befragen, wie glücklich er sich gerade fühlt, kann es Ihnen möglicherweise passieren, dass er Ihnen mit dem Wanderstock eins überzieht. Treffen Sie denselben Mann aber Stunden später am Gipfel vor der Hütte sitzend, so wird derselbe Mann Ihnen wohl zu verstehen geben, dass er den Augenblick gerade als sehr befriedigend und sinnvoll erlebt.

Wer diese Thematik vom Unterschied von Glück und Sinn noch etwas vertiefen möchte, sehe sich bitte ein Interview mit Richard David Precht an, der dies dort noch detaillierter ausführt. Den Link dazu finden Sie hinten in der Literaturliste.

Wir haben vorhin gelernt: Widerstand gegen das, was ist, ist gut und die Anhaftung an Bestehendes ebenso. Widerstand und Anhaftung sind der absolute Zauberdünger, um unserem Leidensbaum dauerhafte Größe zu verleihen. Es gibt kaum etwas Besseres!

Was aber, fragen Sie, wenn Sie keine echte Motivation nach Widerstand oder Anhaftung bezüglich äußerer Objekte verspüren? Das ist eine gute Frage, wunderbar! Auch hierfür gibt es ein probates und fast unfehlbares Mittel, um dennoch reichlich sinnbefreit leben zu können: Erküren Sie einfach Narziss zu Ihrem Leitstern! Schmachten und lechzen Sie wie unser Held Narziss nach *sich selbst*. Kreisen Sie stets wie ein Trabant um Ihre Befindlichkeiten! Sie und Ihre Befindlichkeit sind das Maß aller Dinge. Alles und alle anderen sind einfach nur Mittel zum Zweck. Um dies etwas zu erhellen, möchten wir Ihnen als Abschluss noch ein altes irisches Volksmärchen erzählen.[17]

Es gab einmal ein Dorf, das hieß Swabedoo. Die kleinen und recht freundlichen Leutchen dort pflegten die Angewohnheit, dass sie, wenn sie einander begegneten, ein kleines Pelzchen austauschten. So hatte jeder nach einer Begegnung wieder ein neues, kuscheliges Pelzchen, an dem er oder sie sich erfreuen konnte. Eines Tages kam jedoch ein Bewohner des Dorfes auf die Idee, die Pelzchen, die er bekam, zu sammeln. Als ihm also jemand im Dorf begegnete und ihm freundlich lachend sein Pelzchen schenkte, bedankte sich dieser Bewohner, ohne dem anderen jedoch seinerseits ein Pelzchen zu überreichen. Stattdessen ging er mit zwei Pelzchen davon. So machte er es bei jeder Begegnung und hatte alsbald eine stattliche Sammlung im Haus. Da die Häuser in Swabedoo alle aus durchsichtigem Glas bestanden, sah man von außen den Haufen von Pelzchen, die der Bewohner angesammelt hatte. Also strich er sein Haus mit schwarzer Farbe an, damit niemand mehr hineinsehen konnte. Nun saß er alleine in seinem stockfinsteren Haus auf seinem Pelzhaufen und wurde bald immer einsamer und unglücklicher. Aber nicht nur er, auch alle anderen Bewohner des Dorfes waren traurig, da sie keine Pelzchen mehr zu verschenken hatten. Schließlich wurde es dem Bewohner in seinem schwarzen Haus zu dumm und er ging hinaus und schenkte jedem, dem er begegnete, wieder ein Pelzchen. Und allmählich kehrten Freundlichkeit und Freude wieder in die Herzen der Bewohner zurück.

Werte Leserschaft, Sie wissen nun, was zu tun ist? Sie wissen, wie Sie sich Ihre limitierten Erdentage voll und ganz vermiesen können? Ja? Wir denken doch, Ihnen eine kleine und feine Anleitung an die Hand gegeben zu haben. Und nicht verzweifeln, sollten Sie einmal vom Weg abkommen und nicht mehr weiterwissen auf Ihrem »Highway to Hell«, dann nehmen Sie dieses Werk zur Hand und blättern Sie darin. Lesen und lernen Sie daraus und gestalten Sie Ihr Leben nach Ihrem Gusto. Denn wie Sie Ihre Tage hier auf Erden verbringen, bestimmen ganz allein Sie selbst. Nur Sie können sich aus dem irdischen Paradies vertreiben – also, auf, auf, lassen Sie Taten sprechen!

Was wir daraus lernen

⬦ Dem eigenen Leben einen Sinn verleihen zu wollen, ist eine absurde Idee – für Leidsuchende wie Sie. Wozu sollte das gut sein? Laufen Sie besser Ihrem Glück hinterher, Vögel sind doch etwas ungemein Süßes.

⬦ Wenn Sie unbedingt für etwas brennen wollen, dann konzentrieren Sie sich dabei stets auf den Mangel. Also darauf, was noch nicht ist und Sie noch nicht haben. Das Ziel sollte möglichst weit in der Ferne liegen und am allerbesten absolut unerreichbar sein – zumindest für Sie. Luftschlösser eignen sich bestens, Wolkenkuckucksheime ebenso.

⬦ Sammeln Sie Ihre Pelzchen. Zehn wärmen wesentlich besser als ein einziges, und wenn Sie ganz viele davon haben, bringen Sie sie zur Bank.

TAKE IT EASY

Sie haben also bis zum Schluss durchgehalten, alle Achtung! Vielleicht haben Sie sich ja, verehrte Leserin und verehrter Leser, während der Lektüre hin und wieder die Frage gestellt: »Warum schreibt jemand so ein Buch, in dem es permanent darum geht, auf nur alle möglichen Arten und Weisen zu scheitern und das Leben gegen die Wand zu fahren? Ist das Leben nicht ohnehin schon schwierig genug?«

Nun, dennoch haben Sie offenbar dieses Buch zu Ende gelesen, warum?

Einfach zusammengefasst könnte man das Streben des Menschen wie folgt beschreiben: Der Mensch möchte glücklich sein und Leid vermeiden. Häufig werden unsere Bemühungen in dieser Hinsicht aber nur mit sehr mäßigem Erfolg belohnt. Trotz unserer vielen Anläufe, doch endlich glücklicher zu werden, erleben wir nicht selten, wie wir uns selbst in einer beeindruckenden Regelmäßigkeit in ebendiesem Bemühen sabotieren. Gleich dem im Buch erwähnten König Sisyphos wiederholen wir mit einer schon fast schlafwandlerischen Sicherheit Denk- und Verhaltensweisen, die immer wieder neues Leid erschaffen. Sigmund Freud sagte einmal sinngemäß, dass das Ziel einer Therapie darin liege, den Menschen so weit zu bringen, dass ihm seine eigenen Denk- und Verhaltensweisen, die immer wieder neues Leiden erschaffen, zu dumm werden. »Zu dumm werden« heißt aber nicht bloß, dass man diese Wiederholungen als ärgerlich oder lästig empfindet, nein – man muss mit ganzer Entschiedenheit gegensteuern und neue Denk- und Verhaltensweisen entwickeln.

Das große Problem jedoch ist, dass wir uns häufig dieser Muster gar nicht bewusst sind und – wenn doch – keinen Plan haben, wie wir sie verändern können. Wie schon Jesus laut Bibel den Dämon erst einmal fragte, wie er denn hieß, bevor er ihn austrieb, so ist es auch an uns, zu erkennen und zu benennen, von welchen »Dämonen« wir beherrscht und getrieben werden. Nur wenn wir diese in uns erkennen, entsteht überhaupt erst die Möglichkeit zur Veränderung.

Ohne überheblich erscheinen zu wollen, sind wir Autoren davon überzeugt, dass auch Sie sich, geschätzte Leserin und geschätzter Leser, in dem einen oder anderen Kapitel dieses Buches wiedergefunden haben. Willkommen im Club!

Dieses »Sich-Finden« kann für den, der will, der erste Schritt zu Wandlung, Wachstum und auch Heilung sein. So wie es sich so schön im Märchen Rumpelstilzchen zeigt: Erst wenn wir den »Dämon« (zum Beispiel das Schuldigsein) benennen können, ist Veränderung möglich. Doch nicht rein intellektuelles Benennen, ein »fühlendes Benennen« im Augenblick, in dem man die alte Programmierung wahrnimmt, tut not!

Gewisse Psychotherapieformen, wie zum Beispiel die provokative Therapie nach Frank Farrelly, verfolgen den Ansatz, ungesunde Denk- und Verhaltensweisen durch Übertreibung auf die Spitze zu treiben, frei nach dem Motto, dass jeder nur das heilen kann, was er auch fühlt.

Die Grundidee der provokativen Therapie ist, dass der Therapeut die selbstschädigenden Verhaltensweisen des Klienten humorvoll auf die Schippe nimmt, was sich im besten Fall so auswirkt, dass der Klient oder die Klientin allmählich sich von seinem Verhalten distanzieren und lösen kann und darüber lachen lernt. Es entsteht eine zunehmende Befreiung von verinnerlichten Bewertungsmustern und Verhaltensweisen. Natürlich braucht es von Seiten des Therapeuten ein gehöriges Maß an Fingerspitzengefühl, damit das auch wirklich gelingt.

Der Therapeut wagt es, gelegentlich Bewertungen auszusprechen, die der Klient oder die Klientin zwar denkt, aber sich nicht auszusprechen traut. Nicht selten verstecken wir ja die eine oder andere Bewertung auch vor uns selbst. Bewertungen wie: *Ich bin ja ohnehin nicht gut genug, ich habe große Schuld auf mich geladen* etc. Sie wissen ja Bescheid, nicht wahr? Eine provokative Intervention für eine solche Schuldprogrammierung könnte so aussehen, dass der Therapeut den Klienten oder die Klientin beauftragt, einen »Schuldaltar« zu Hause aufzustellen und sich täglich davor niederzuwerfen und wehzuklagen, wie schuldig man doch sei. Selbst die eingefleischtesten Schuldjüngerinnen und -jünger können so an den Punkt gelangen, an dem sie sich fragen, ob sie noch ganz dicht sind.

Der Kunstgriff liegt eben darin, die oft geradezu religiös anmutende Überzeugung, dass man ja *so* schuldig sei, maßlos zu übersteigern und damit zunehmend ins Lächerliche zu ziehen. Und wie Sie, geschätzte Leserschaft, ja bereits in den vorherigen Kapiteln gelernt haben, wird es zunehmend schwieriger, etwas weiterhin so ernst zu bewerten und sich damit zu identifizieren, wenn man mehr und mehr darüber zu lachen beginnt.

Dieses erlösende Lachen über die eigenen Macken und Schrullen, das ist es, was wir Ihnen, geschätzte Leserschaft, und auch uns selber immer wieder wünschen.

Dieses Lachen ist auch die Intention des Buches. Wir meinen, dass wir das Leben und auch uns selbst nicht so ernst nehmen sollten – schließlich kommen wir ja doch nicht lebend dabei heraus!

Abschließend sei noch erwähnt, dass die im Buch angeführten Fallgeschichten natürlich allesamt frei erfunden sind, auch wenn sie sich so oder ähnlich täglich abspielen. Es sind nur die Nuancen, die sich ändern, das Spiel bleibt immer gleich – bis … ja bis es gelingt, sich darüber hinwegzusetzen. Bis es gelingt, über sich und das Leben herzlich zu lachen und den Fuß auf einen neuen Weg zu setzen, einen leichten, weichen, samtigen Weg, auf dem es sich spielerisch durch die Welt und die eigenen Tage tanzen lässt. Ohne Groll, ohne Angst, dafür mit mehr Liebe für sich, den eigenen Weg und den Rest der Welt.

NEIN, DANKE

Wir bedanken uns an dieser Stelle ganz sicher nicht. Bei nichts und niemandem. Schon gar nicht bei Verena Minoggio-Weixlbaumer und Mag. Elmar Weixlbaumer vom Goldegg Verlag. Sie haben mit verbissener Miene der Veröffentlichung dieses Buches in ihrem Verlag zugestimmt. Auch nicht bei Mag. Ulrike Moshammer, die den leidvollen Job auf sich genommen hat, dieses Buch (zugegebenermaßen viel zu gut) zu lektorieren.

All die Dankesworte, die man üblicherweise am Ende eines Buches findet, damit werden wir Sie, werte Leserschaft, hier nicht belästigen. Wie Sie mittlerweile schon wissen dürften, ist ein aufrichtiger Dank wahrlich kontraproduktiv auf dem Weg zu einem wirklich miesen Leben – und wir wollen Sie hier am Schluss unseres Machwerkes sicher nicht von Ihrem bereits eingeschlagenen Weg abbringen und uns und Sie damit um den Lohn der Arbeit bringen.

Undank ist der Welten Lohn und auch wir Autoren erwarten von Ihnen kein nettes Wort. Wenn Sie es dennoch nicht sein lassen können, dann schreiben Sie uns doch ein paar grimme Zeilen an

wolfgang.pichler@krenglbach.net und/oder
hartl.presse@at.net

IHRE SEELENFÜHRER
WOLF PICHLER UND TOM HARTL

LITERATURLISTE

Klaus Bernhard, Depression und Burnout loswerden, Ariston Verlag

Ajahn Brahm, Die Kuh, die weinte. Buddhistische Geschichten über den Weg zum Glück, Lotos Verlag

Gary Chapman, Die fünf Sprachen der Liebe, Francke-Buch

Thomas Hartl, Raus aus der Angst – rein ins Leben. Endlich frei, leicht und selbstbestimmt, Verlag Via Nova

Anthony de Mello, Warum der Schäfer jedes Wetter liebt, Verlag Herder

Anthony de Mello, Wer bringt das Pferd zum Fliegen, Verlag Herder

Allan und Barbara Pease, Warum Männer immer Sex wollen und Frauen von der Liebe träumen, Ullstein Verlag

Wolfgang Pichler, Der Meister: oder: Psychotherapeuten sind auch nur Menschen, Independently published

Richard D. Precht: https://www.facebook.com/watch/?v=2056584247940845

Fritz Riemann, Grundformen der Angst, Ernst Reinhardt Verlag

J.K. Rowling, Harry Potter und der Gefangene von Askaban, Carlsen Verlag

David Safier, Mieses Karma, Rowohlt Verlag

Eckhard Tolle, Jetzt! Die Kraft der Gegenwart, J. Kamphausen Verlag

Quellenverzeichnis

1 Hausschild, Jana (2014): Medienberichte über Suizid können Nachahmungstaten auslösen. SPIEGEL online.
   https://www.spiegel.de/gesundheit/diagnose/selbst-
   mord-medienberichte-erhoehen-anscheinend-suizid-ra-
   ten-a-967190.html – abgerufen am 19.10.2021

2 Frei erzählt nach der Geschichte »Die Parabel von den Krücken« aus: Anthony de Mello, Wer bringt das Pferd zum
   Fliegen, Verlag Herder, S. 80

3 https://eatsmarter.de/abnehmen/kalorien/kalorientabellen/
   kalorientabelle-mcdonalds

4 Allan und Barbara Pease, Warum Männer immer Sex wollen und Frauen von der Liebe träumen, Ullstein Verlag

5 https://wiesieliebt.de/buddha-und-der-zornige-mann-eine-
   kurze-spirituelle-geschichte/, abgerufen am 20.10.2021

6 Eckhard Tolle, Jetzt! Die Kraft der Gegenwart, J. Kamphausen Verlag

7 Goethe, Johann Wolfgang von: Faust. Der Tragödie zweiter
   Teil. Stuttgart 1832, S. 314-315

8 Frei erzählt nach der Geschichte »Der Suchende und der
   Teufel«, aus: Anthony de Mello, Warum der Schäfer jedes
   Wetter liebt, Verlag Herder, S. 45

9 Wilhelm Busch: Werke. Historisch-kritische Gesamtausga-
   be, Bde. I-IV, Band 4, Hamburg 1959.

10 Frei erzählt nach der Geschichte »Lass den Zweig los«, aus:
   Anthony de Mello, Warum der Schäfer jedes Wetter liebt,
   Verlag Herder, S. 57

11 Frei erzählt nach der Geschichte »Der Geist und die Soja-
   bohnen« aus: Anthony de Mello, Wer bringt das Pferd zum
   Fliegen, Verlag Herder, S. 127

12 J. K. Rowling, Harry Potter und der Gefangene von Askaban, Carlsen Verlag

13 Frei erzählt nach der Geschichte »Der gefangene Löwe« aus:
   Anthony de Mello, Warum der Schäfer jedes Wetter liebt,
   Verlag Herder, S. 181

14 Frei erzählt nach der Geschichte »Hab Erbarmen« aus: Anthony de Mello, Warum der Schäfer jedes Wetter liebt, Verlag Herder, S. 107

15 Frei erzählt nach der Geschichte »Der gefangene Löwe« aus: Anthony de Mello, Warum der Schäfer jedes Wetter liebt, Verlag Herder, S. 181

16 https://internet-maerchen.de/mobile/von-dem-fischer-und-seiner-frau/, abgerufen am 26.10.2021

17 http://www.sagen.at/texte/maerchen/maerchenbeitraege/swabedoo.html